私の「結婚」について勝手に語らないでください。

クァク・ミンジ

清水知佐子訳

AKISHOBO

目次

非婚ライフ

非婚共同体

私の「結婚」について勝手に語らないでください。

아니 요즘 세상에 누가
다양한 선택을 존중하며 더불어 혼자 사는 비혼의 세상
(WHO IN THE WORLD THESE DAYS :
Memoirs of Non-Maritalist, Minji Gwak's thoughts and observation)
by 곽민지

This book is published under the support of
Literature Translation Institute of Korea (LTI Korea).

プロローグ
こんなテーマで本を書くなんて

いや、ちょっと待ってよ。私は結婚しないんだってば。

はじまりは私の人生の大半を占めていたあれ、承認欲求だった。結婚する気はないのに、いつ結婚するのかとしつこく聞くもんだからそんな気はないと答えたのに、額面どおり受け取ってもらえなかったことは一度や二度ではない。「そう言いながらいつかは結婚するんだろう」とか「お前みたいな子が真っ先に結婚するんだ」みたいな言葉が返ってきたとき、ありのままの自分を受け入れてもらえないことが悲しくて私は語りはじめた。どう考えてもおかしいではないか。いつ結婚するのかと聞かれて、しないと答えたのだから、「ああ、そうか」と言えばいいものを、人の意向を聞いておいて結論は自分たちが出すなんて。中華料理屋に行って「ジャージャー麺にしますか、チャンポンにしますか」と聞かれて「チャンポン」と答えたら、店主は普通「はい！」と注文に応じる。ところが、「ああ言いながらジャージャー麺を頼むに違いない」と、店主が私の注文をメモしなかったと仮定しよう。

人の話を聞いてないんですか？
それなら最初から聞かなきゃいいでしょう。

そう思うから意地を張りたくなるのだ。私の気持ちは無視するわけ？ だったら、私は「チャンポン連盟」を組織して暴れまくってやる。テレビでもジャージャー麺を食べる人〔既婚者〕たちの話ばかり出てくるから、私たち「チャンポン人〔非婚者〕」の話をするのだと私が自ら作ったチャンポン番組。非婚ライフ可視化ポッドキャスト『ビホンセ（非婚世）』はそうやってはじまった。

番組がはじまって一年が経った今も、タイトルだけは本当にうまくつけたと思う。「ビホンセ」ではなく、「非婚ライフ可視化ポッドキャスト」のことだ。ただただ、いろんな非婚者が既婚者と同じくらいあちこちにいるということを知らせたいという思いから、私と非婚の友人たちの日常を語りはじめた。ところが、意図せずそれが契機となってメディアのインタビューを受けることになり、ドキュメンタリー番組に出演し、コラムも書くことになった。チャンポンを食べたいというのは本心だと言いたかっただけで、

プロローグ
こんなテーマで本を書くなんて

チャンポンに人生を注いでいるわけではないのに、まるで、三食チャンポンばかりを食べ、チャンポンTシャツを着て仕事をし、チャンポンパジャマを着て寝る人として私は認識されていった。「わざわざそこまですることないだろう。笑わせるんじゃないぞ、チャンポン」みたいなことも言われたし、ついにチャンポンの本を書かないかと提案されたときは、このままだと私の墓碑に「クアク・ミンジ、ひたすらチャンポンを食べてここに眠る」と刻まれるんじゃないかと不安になった。

（ああ、そういうことじゃないんだけどな）

そのうちにふと、これは本当に面白い現象なんじゃないかと思いはじめた。二〇二一年に結婚する気はないと宣言し、それに関する話をしただけでこんなにも注目されるなんて！　いったい、この社会はどうしてこうも結婚という制度に忠実なのか。ポッドキャストをはじめたころ、世の中には既婚者やいつか既婚者に編入される人たちの話ばかりだったから面白半分でやってみただけなのに、こんなにも注目され、続いているということに回を重ねるたびに驚かされる。しかも、「結婚しないと思う」とちょっと言っただけで本の出版オファーまでもらえるなんて。それなら、将来、姉の子供のジュンとソルに、あるいは、カフェで本を読んでいて目が合った隣の席の子供たちに聞かせてあげられるように「できるところまでとことんやってみよう」と私は決意した。

「昔はね、結婚しないと言っただけで本が出せたんだよ。今みたいに他人が結婚しようがしまいが関係ない世の中じゃ想像もできないだろうけど、私たちのときはそうだった。おかげで、このおばあさんはちょっとお金を稼いだってわけなんだけどね」

未来から来てこの本を開いたあなた、「こんな本を書くなんて、結婚しないことの何が問題だっていうのよ」と思ったなら、二〇二一年のビホンセたちに拍手を送ってあげてほしい。私のときはこんなことも本になった。非婚だと宣言すればインタビューの依頼も来るし、本ものすごく（おまじない的な効果を期待して）売れて、そんな時代が本当にあった！　私がまさに証人だ！　結婚しないと言えば、何度も何度も同じことを聞かれた。本当にしないんだといくら言っても誰も信じてくれなくて。

（いや、今どき誰がそんな。いったい今何年だと思ってるんだ。「だけど結婚はしないと」みたいな言葉が本当に存在するなんて）

そんなの嘘でしょうと思うかもしれない。そこで、これから二〇二一年に非婚で生きていた人の素朴で平凡な話をしようと思う。この本が出れば、私の墓碑には「非婚、非婚って誰が言った。ビホンセが言った」と刻まれ、私はオンライン、オフラインで非婚を叫んだおかしな人になるんだろうけど、「あの当時は、そんなことも本になったんだってよ」と言われるほど、非婚なんて何でもない世の中になっていることを夢見て私は今、これを書いている。非婚が飯のタネになる。地面を掘ったところで小銭の一枚も出てこない二〇二一年に、非婚をすればお金になるということを通帳に記載された印税で確認し、楽しむためにも私は本を書く！　だから、ここまで読んでやめないで本を買い、私の老後資金のファンディングに参加してほしい。そうやって私たち、「共に」一人で生きようではないか！

非婚宣言

何もそんな決心まで
しなくても

こんにちは、非婚です

朝、目を覚ますのは午前一〇時ごろだ。もっと寝ることもあるし、寝そべったままたまったメールを読んだり、ＤＭを確認したりすることもある。ミーティングはたいてい午後二時からだから、ベッドから出る時間もそのときの気分で私が決める。起きたら薄めのブラックコーヒーを淹れて飲み、目やにがついたままフィットネスバイクにまたがって四〇分漕ぐ。漕ぎながらメールの返信をし、その日のスケジュールを確認する。その後、シャワーも浴びずにユーチューブやネットフリックスを観ながら冷蔵庫にあるもので朝食兼昼食を済ませる。食事が終わったら一杯分のコーヒー豆をグラインダーで挽き、ベトナムで買ってきた一人用のコーヒードリッパーで一人分のコーヒーを淹れる。そうしてやっとシャワーを浴びてミーティングに出かける。

ミーティングから戻ったら運動をしに行く。その日のコンディションによって行かない日もあるけれど、ほぼ毎日通っている。普通、運動をした後はタンパク質を中心とした食事をするので、夕飯のメニューは七時ごろ、運動をしたかしなかったかによって決まる。運動を終えて家に帰ったら午後一〇時。ビールやワインを片手にゆったり食事をしながら、好きなＤＪのラジオを聴いたり、ネットフリックスを観たりする。

食事が終わった午前〇時、たいていそれぐらいの時間から原稿や台本を書いたり企画案をまとめたりする。翌日、ミーティングがない日には、できる限りドラマや映画を観ながら一人だけの「会食」を楽しみ、時には近所に住む友人が訪ねてくることもある。仕事をしてもしなくても、だいたい午前四時に寝る。そして、一〇時に起床する。

週末は家族や友人と過ごすけれど、本当は一人で過ごすのがいちばん好きだ。一日中寝そべっていることもあるし、家から近い南山《ナムサン》に行って下りてくる途中に生ビールを一杯飲んで帰ることもある。仲秋や旧正月などの連休はなるべく両親と過ごし、そうでないときは、実家に帰らない近所の友人と一緒に過ごす。バレーボールのファンになってからは、ゲーム観戦を優先して余暇のスケジュールを組んでいて、観戦仲間がいれば一緒に会場に行ったり、中継を観たりするし、いなければ一人気楽に観戦する。

これらの中で、私が結婚していても維持できる日常はどれだけあるだろうか。いや、それ以前に、私が結婚しなければならない理由が私の日常のどこにあるだろう。私には自ら日常を営んでいるという感覚が大事で、自分に合ったマネープランを立て、生活ルールを作り、守っている。流動的な毎日は誰かにとっては不安かもしれないけれど、私は、自分が望むときに望むことができるよう可能性を開いておくのが基本スタンスだ。誰かにとっては結婚が安定だろうけど、私みたいな人間には自分ではコントロールできないリスク要素でもある。私が求めるのは望むときに恋愛し、自分の住みたいところに他人の同意や合意を求めたり強要したりすることなく引っ越しをし、自分にとって自然な時間に食事をしてあれこれ活動する人生なのだ。

非婚が結婚に勝るわけではなく、非婚と結婚を天秤にかけて非婚のほうがいいと思ったわけでもない。私の日常に結婚が入ってくる隙と理由がないことを身をもって実感しながら生きているだけだ。ずっとそう感じてきた私としては、まるで私が、結婚に向かって走っていたかと思ったら急にハンドルを切ってUターンしてきたかのように「なぜ非婚で生きることにしたのか」と聞かれると答えに窮する。どこから話せばいいのかわからない。時には、そんな質問をすること自体、私の人生に何か欠陥があると思ったから親切に教えてやってるんだと言われているようにも思える。一時は、私の何がその人たちを不安にさせるのか、気になりもしたけれど、今は、私のある面がその人たちを不安にさせるのではなく、非婚者の日常をのぞき見た経験がないことによってもたらされる違和感のせいだと知っている。それに気づかせてくれたのは、私と似たような非婚者の友人たちだった。「こんな仲間がいれば寂しくない」、「死ぬまで共に非婚で行こう！」と決意したわけではない。むしろ、私みたいに非婚者として生きている人たちから感じられる自然さ、その既視感が、きっと私みたいな人がほかにも大勢いるだろうと確信させてくれ、少なくとも私たちが変に映る理由は、ただ私たちの存在が見えていないからだという答えを得ることができた。

ポッドキャスト『ビホンセ』はそうやって続いている。私たちはとても元気に楽しく暮らしているのに噂が広まらないのはなぜだろうと思いながら。誰かと比べたりレースに参加したりする必要はなく、ただここにいるよと教えてあげることで私の宇宙が変わるという確信を持って。互いの存在に気づいたリスナーやゲストたちも同様に、私を誰かと比べたり競争したりせずにあるがままを受け入れてくれ、そうして『ビホンセ』は今も続いている。私たちは「ビホンセ」、つまり「非婚の世の中と非婚を生きる人」について話している。今でも人々は私たちをジャンヌ・ダルクや闘士のように見ていて、すべての少数者、あるいは少数者扱いされている人たちの闘争が可視化からはじまるのだと思うと寂しいけれど、やらなければならないことだ。

私は「あなたは何者か」と聞く前にあなたの日常を知りたいと思う人になりたい。あなたにいたずらに名前をつけたり、あなたはなぜそんな存在として生きていくのかと質問することが、時にはあなたを寂しくさせることを学んだからだ。「私、チョコレートが好きなんですが」とか、「私、次女だからかもしれませんが」ではじまる文章みたいに、あなたが人にさらけ出すことを決意して見せてくれる部分からあなたを知っていきたい。そうすればいつか、私たちはなぜ結婚したのか、結婚しなかったのかも自然とわかるようになるだろうから。それが重要な問題ではないということも。

ときどき、ポッドキャストをしたり原稿を書いたりするのは本当に幸せなことだと思う。私の一面を知ってくれている人が多いというのはリスクであると同時にメリットでもある。だから、もっと多くの人たちが自分の話をしてくれたらいいなと思う。互いに対して礼儀を尽くすためには、私たちがどれだけ千差万別であるかを認識し、注意を払い続けるしかないと信じるからだ。私の基準における普通は私だけに限定された固有の世界であり、私の基準における正常は私が規定した正常にすぎないのだと文章にすること、つまり、自分の世界を話すことは、私たちが互いに失礼な言動をしないようにする機会を与えてくれることにつながる。

みんなが、自分は何者であるかをくり返し語ってくれたらと思う。私が私のままで生きていって構わないのだと確信するには、私が正常だと感じられる場所に留まっているよりも、世の中には数億個の存在が数億個のやり方で存在していることを知ることのほうが効果的だからだ。髪をピンクに染めたいのに、ドアの外に出ると茶髪の人すらいなくて黒髪ばかりだと私たちは勇気を失う。だけど、ピンク色の髪の人はいなくても、ピンク以外のあらゆる色、黄緑、青、黄色の髪をした人が胸を張って通りを闊歩する世の中なら、ピンク色の髪の喜びを思いきり楽しめるようになるだろう。結婚しなくてもいいし、結婚してもいい。自分だけのやり方で選択し、その話を聞かせてもらえたらうれしい。

それがたとえ、ものすごく当たり前で平凡なものであっても。

解放村《ヘバンチョン》〔ソウル市龍山《ヨンサン》区にある地名。解放後、南山のふもとの傾斜地に北朝鮮から避難してきた人々によって形成された集落が起源となっていることなどから、タルトンネ（貧民街の意）と呼ばれている。古い家屋や店が残る一方で、外国人居住者が多く、近年のジェントリフィケーションによって若者に人気のスポットとなっている〕でポールダンスをし、コーヒーとビールが好きで（今は）紫色の髪をした三七歳のビホンセより。

住む家のために結婚はできない

私がはじめて非婚主義者の女性に出会ったのは二五歳のころで、同じ職場のE先輩という人だった。その職場は男性の比率が圧倒的に高く、女性の先輩はほとんどいなくて、そのうちの多くは結婚していた。結婚していなくても、つき合っている異性のパートナーがいてちゃんとした職に就いていることがわかると、結婚に関する質問が殺到した。私も例外ではなかった。

当時、つき合っている男性がいたのだが、恋人もいて就職もしたから次のステップは結婚だという合意が、当事者である私以外の多くの人たちの間にあったようだ。結婚しないのかと聞かれてはじめて結婚について考えてみたけれど、うまく想像できなかった。結婚する考えはないと言うと、なぜだという質問が返ってきた。「ただ何となく、今は考えられない」と答えた。「今は」考えられないと答えた理由は、後になってしたくなるだろうと思ったからで、当時は「結婚の意思」というのは二次性徴で生えてくる毛のように、いつか自然に生じるものだと思っていた。まわりで結婚しないと断言する人を見たことがなかったからだ。

会社の同僚の何人かは愛の唯一の結実は結婚だと信じていて、そのうちの一部は男性の愛を受けることが女性の最大の能力みたいに騒いでいた。そういう人たちの共通点は、すべての女性が強い結婚願望を持っていて、恋人からの求婚を首を長くして待っているかのようにみなすところにあった。

✤彼氏が結婚しようって言ってくれないの？
✤まだプロポーズされてないんだ。
✤あなたのことを真剣に考えてないんじゃない？

みたいなことを言いながら、就職という一次的成功を遂げて仕事をしている女性たちを楽しそうに踏みにじる。結婚というのはそもそも男性がプロポーズし、女性は「イエス」と答えるものだと固く信じている人たちにしてみれば、同じ職級で同じ年俸をもらっていても「結婚主導権」を握っている男性が当然、女性よりも優位にあった。結婚していないのは同じでも、行為の主体である男性は「選択」をする立場だからまだ結婚する気がないものと受け止められるが、女性は選ばれなかった可哀想な人か人生に失敗した人のように扱われる。当時、私のまわりにいた結婚していない女性の先輩たちは単に未婚だったのか、非婚主義者だったのかは今でもわからない。説教好きの人たちがぶつけてくる結婚しないのか攻撃に、かったるそうな顔をして「そうですね」と答えるのが基本マニュアルだったので、それが本心だったのか、早くその失礼な会話を終わらせるための返答だったのか判断できないからだ。

そんな中、私がはじめて出会った非婚者のE先輩のデスクには、いつもマグネットがたくさんあった。海外旅行に行くと必ずマグネットを買ってくるE先輩のデスクのパーテーションには、花壇の花みたいに中央に業務関連のメモがいくつか貼られていて、そのまわりを世界中で集めたマグネットがぎっしり囲んでいた。E先輩は旅行が好きで、私も旅行が好きだった。いつだったか、二人で旅行先の宿について話をしたことがあるのだが、ユースホステルの二〇人部屋でも平気でよく眠れるという私の話を聞いたE先輩がすぐさまこう言った。

「あたしは宿にいちばんお金をかけるほうなんだ。海外に行くと、その都市で有名だというホテルに必ず行く。そこで景色を眺めながらお酒を飲むのが幸せ。このマグネットを買った都市に行ったときも、少なくとも一日は必ずそうやって泊まったんだ」

すぐにでも海外に飛んでいきたそうな表情のE先輩をじっと見つめ、その中でどのホテルがいちばんよかったかと聞こうとすると彼女が話を続けた。

「だから、あたしは結婚しないんだと思う。あたしは、その一日をあきらめられない。夫や子供がいたら、高級ホテルで一人で過ごす一日がなくなるし、お財布事情に見合ったホテルに泊まろうと考えるだろうから。一年中待ちに待ったイベントなんだから、あきらめられないよ」

今、考えてみると、それは私が非婚主義という概念にはじめて接した瞬間だった。(仮に、非婚は未婚の類義語であり結婚していない状態をまとめて指すもので、結婚しないと決めて生きることを非婚主義と定義したとして)結婚の欠点をあげつらったり、非婚の合理性を説くどんな話よりも心に響く表情や話し方、そしてそのひと言に私は強烈に納得させられた。だけど、先輩もやはり、結婚しないのか攻撃に襲われると「ですよねー」と応酬した。私は、非婚主義だと言ったところでわかってもらえないだろうと考えているようだった。私は、そんな先輩の非婚観を聞いた数少ない同僚の一人だということが誇らしかった。あの人の本心を私は密かに知っているんだという思いと結婚願望というのは誰もが経験する二次性徴ではないという大きな秘密を知った満足感に浸って、やたらと先輩に親しげに振る舞い、うれしそうにしてみせた。

その後、私は退職し、先輩は洒落た高級ホテルの部屋に泊まることを可能にしてくれる会社に残り、キャリアを重ねていった。そうして私の本が出るたびに買って応援してくれ、退職してから一〇年以上経った今も互いを温かく見守る先輩・後輩としての関係が続いている。ここで告白するのは恥ずかしいのだが、先輩は私がときどき、彼女のインスタグラムのアカウントにわざわざ入ってフィードを見ている数少ないフォロー相手の一人だ。それによると、会社に通いながら大学院にも行き、最近は推し活もはじめたらしい。あのホテルの部屋の話をしていたころの目の輝きがそのまま残る写真を見ていると、無性にありがたい気持ちになる。マグネットみたいなささやかな幸せと豪華なホテルで過ごす時間のような特別な瞬間が、先輩の人生にちょくちょく訪れればいいなと思う。それが必ずしも旅行でなくても。

そして、あなたの人生にも。

結婚までは愛せない、あなたを愛したのだ

私の元カレたちは（私の基準では）ルックスもよくて（私の基準では）性格もよかった。私の基準でと補足したのは決して皮肉ではなく、それがこの話の肝だからだ。

私の基準なのは当然だ。私が選んだ人たちなのだから。当然、彼らも私を選んだから恋愛が成立したのだろうけど、本当に魅力的な人たちだった。彼らは彼らなりの方法で私を愛し、私も私のやり方で彼らを愛した。これまで、自暴自棄になるほどの別れを経験しなかったのは感謝すべきことだと思う。もちろん、別れた直後には胸がひりつくほど痛み、大声で毒づきながら近所中を走り回りたい気分だったけれど、過ぎてしまえば希代のクズ男でもなかったし、いつだって悪い奴はあちこちにいるものだということにも気づいた。いずれにしても、彼らにとって私は一時的にはひどい女だったろうけど、永遠のクソ女ではなかったことを望むだけだ。

Bに出会ったのは大学生のときだった。そのときまで私は彼氏を両親によく紹介していた。紹介したというよりも、彼氏をだしに高価な牛肉をおごってもらおうという魂胆で、深く考えもせず、本当に何度も彼氏を両親に会わせた。両親は娘の性格上、本人の「チョイス」をむやみに評価しては逆鱗に触れると判断したのか、ほとんどの彼氏を気に入ってくれた。Bもそんな一人だった。今思えば、当時の私の理想のタイプをシミュレーションゲーム「ザ・シムズ」で作り出したみたいな人だった。私は彼にぞっこんだった。もちろん、別れたわけだから短所を挙げればいくらでもあるけれど、ほとんどの元カレがそうであるように、Bと一緒にいるとどんなに心が満たされてどんなに幸せだったか、今も鮮明に記憶している。何よりも彼のことが好きすぎて彼のすべてに夢中になっていたことを忘れられない。横断歩道で信号が変わるのを待つ間、腕を組んで肩にもたれかかったときの匂い、腕をぎゅっとつかんだときの感触、困らせるとぐっと寄る眉間が特に愛らしかった。「俺、君が大好きだよ」と言うときの照れた顔、そして、その言葉を口にするときのどこかぎこちない抑揚みたいなものもよく覚えている。

そんな元カレのBは、私の両親と旅行をしたことがある。国内旅行が好きなうちの家族はしょっちゅうどこかに出かけていて、あるとき、両親が冗談っぽく、「Bも来ればいいのに。おいしいものを一緒に食べられるし」と言い、私が何気なく彼を誘ったことが発端だった。Bは私の両親に会うことを重く受け止めたようで、私の好きなあの眉間にしわを寄せた顔をしながらも、「本当？　俺、絶対行く！」と叫んだ。

Bは旅行の間ずっと私を驚かせた。彼は巧みな話術で母と父の心を捉え（口で勝負するのはどちらかというと彼よりも私のほうだったはずだけど）、いつにも増して腰が軽く、やらなくてもいい雑用までまめまめしくこなした。口調もどこか違っていて、どれだけにこにこしていたことか。お酒も注がれるままに飲み、誰もやれと言っていないのに慣れない一気飲みをしてみたり。何よりも驚いたのは彼の食べる量だった。食べるのが好きだと知ってはいたけど、こんなに限界を試すほど食べたことはあっただろうか。お腹がいっぱいならもうやめたらといくら言っても、「何で？　おいしいから食べてるんだよ」と言いながら食べ続けた。娘ばかり二人を育てた母は「男の子は本当によく食べるわね……」と言いながら（いや、断言するが、私はたいがいの知人男性よりもよく食べる）、どんどん料理を勧めた。

酔いが回ったのか、ちょっと風に当たろうと言われて一緒に外に出た。満腹で死にそうだという彼に、それは当然だ、何でそんなに馬鹿みたいに食べたのかと聞くと、私の両親を失望させたくなかったという。失望ゾーンなんてすでに一〇倍は超えていたけれど……。彼にとってその日は一世一代の面接であり、これまでに聞きかじったマニュアルどおり気さくにふるまい、出された食事をおいしそうに食べてお酒も飲み、一緒にいると楽しくて真面目な娘の彼氏を演じるために疲れ切っていたのだ。

そして、気分転換しようと外に出てきてその緊張の糸が切れたのか、彼は地面に食べたものを吐いてしまった。のどのところまで酒と食べたものがつまっている状態で、緊張が解けると指を突っ込まなくてもすっきり吐き出すことができた。私は驚いて彼の背中をさするのに必死だった。

悲しかった。隣で私が、「いったいどうしたんだろう」と思いながらも喜んで笑っている間、彼は両親に気に入られようと無理をしていたなんて。そんなふうに気を使わなくても、たとえ両親が彼を気に入らなくても、私は両親がひどいと思っただけだろうし、お父さんが彼とつき合うわけでもないのに、お母さんは彼について何も知らないくせにと責めただろうに。自分でも気づかないうちに彼を面接会場に連れ出していたみたいな気がした。彼の専門分野でもなく、面接官に対する情報もないそんな不利な場所に。

私の基準では彼は一〇〇点だった。私に愛をささやくときにどんな目をするか、眠っているときに名前を呼ぶと返事をするのがどれだけかわいいか、運転中にスピードバンプを越えるとき、驚かせないように前もって私の腕を押さえる癖、私が怒ってそっぽを向いてしまったときにその怒りを刺激することなく鎮めるスキルみたいなもの。それは、私の両親には知る由もないことだった。だから、あの日の彼の姿に両親がつれない評価をしたとしてもすでに彼には私の心をつかんで離さない力があったのに、彼にしてみれば、私みたいにのんきではいられなかったのだろう。両親の評価によって私から稼いだ甘い点数が減らされてしまうほど両親が私にとって大事な存在だったらどうしようとひやひやしただろうし、その不安が、彼がこれまで経験した「目上の人たちの評価基準」を思い起こさせ、窮屈で無理な行動に耐えさせたのかもしれない。

その次の彼氏も両親に会ったことがあるが、私はその場のすべてが居心地悪かった。何より、彼氏が両親に悪い印象を与えないようにおどおどしているのが気に障った。私が知っている自信にあふれた自然体の彼の魅力が消えてしまうのが我慢ならなかった。それは両親に対しても同じだった。ふだんと違って気を使い、話しぶりを変え、箸を置く手つきまでよそいきな感じなのが気に入らなかった。私が双方を気まずい状況に置いてしまった気がした。私が両親を愛する理由と彼氏を愛する理由をそれぞれにきちんと教えてあげられないまま、「よく見せること」に成功することが目的の場所に私の愛する人たちを集合させたのは利己的に思えた。それ以来、私は彼氏と両親を会わせていない。写真を見せたり、どんな人かを教えたりはしたけれど、対面の場を設けることはしなかった。

そうして何年かが過ぎ、私はいわゆる結婚適齢期に突入した。そのころ、私はKと恋愛中だった。Kは私が非婚主義者だということをつき合う前から知っていて、彼が私の考えを十分に尊重してくれていることが恋愛をはじめるのに功を奏した。もしKが結婚願望のある人なら、彼の時間とエネルギーを無駄遣いしたくなかったので、私たちはつき合う前にこれについて何度も話をした。当時私は化粧品のサンプルをたくさんもらう仕事をしていて、もらったサンプルのうち使わないものを彼にあげたことがある。彼は一緒に働いている後輩との関係がうまくいっていないことを悩んでいて、その後輩はお化粧が好きみたいだと言うので、これでも渡して、「僕の彼女が仕事でもらったって言うから、ちょっと分けてもらったんだ」って声をかけてみたらと言いながら。

そんなこともしばらく忘れていたら、ある日Kが興奮した顔で言った。「あの化粧品をうちの母さんにあげたんだ。母さんには君がくれたって伝えたよ。どう？　でかしただろ？」

いや。

それ、全然ダメダメなんだけど。

私が訝《いぶか》しげな表情で、なぜそれをでかしたと言えるのかと聞くと、彼は「うちの母さんが君に好印象を抱くのはいいことじゃないか」と答えた。

――それがなんでいいわけ？

――いいことはいいことだから。

――だから、何でそれが「いいこと」なのかって聞いてるの。

――後で会うことがあるかもしれないし。

――私はあなたのお母さんに気に入られないとダメなの？

――いや、そうじゃないけど。

――だったら、どうしてあげてもいないプレゼントを嘘をついてまで私からだって言って渡すわけ？

――母さんが君に好意を持つのは悪いことじゃない。

――嘘をついてまでやることじゃないよ。

――僕は何も悪いことはしていない。

――嘘をついたじゃないの。

――そんな嘘ぐらい別にいいじゃないか。

……

――バレたらどうするの？　また嘘をつくの？

私の心が音を立てて崩れた。一つ目の理由は悲しくて。彼は、私の非婚に対する考えを誰よりも尊重してくれたし、私たちはそのことに共感しながら一晩中ワインを飲み、チーズを食べ、キスをしたのに、彼の心の片隅には「ああは言ってても、結婚するかもしれないし」という思いがあったなんて。二つ目の理由は気の毒で。結婚したいという気持ちがあるのになぜ隠していたのか。これまで、じつは結婚したいんだってどれだけ言いたかったことか。私とつき合っている間、もしかして結婚できないんじゃないかとどれだけ不安に思ったことか。

「結婚したい？　私と？」
「なんでダメなんだよ。男っていうのは好きになった相手と結婚したいもんさ」

その答えを聞いて三つ目の理由になるはずだった申し訳なさが消えた。結婚と愛はイコールではないということを私たちがどれだけ熱く、激しく語り合ってきたことか。あの数えきれない日々の中で私に見せてくれた本心はいったい何だったのか。私は、彼が愛の結実を結婚だと考えるタイプなのに私のせいで時間を浪費することのないよう、つき合う前から二人で十分に話し合うことに心を砕いたのに、彼はそんな私の本心に耳を傾けながら「タイミングを見計らって結婚しようって言えばいいさ。あいつだってずっとああじゃないだろう」と思っていたのだろうか。

私はあなたがいればそれでいいのに。あなたを見ているだけで十分なのに。お互いあまりにも愛しすぎて、ときどき過ちを犯したり、軽率なことをして互いを傷つけ、それを癒やす時間ですらときにはもったいなくて、あなたと私の間にほかの人が割って入ってくるのを想像することですら嫌なのに。私は両親があなたを評価するのが嫌で、あなたの両親の前で嫁として合格点をもらえなければどうしようとおろおろしたくないのに。私はあなたを面接の場に送り込みたくはないし、あなたも私をそんな場所に行かせはしないだろうと信じていたのに、あなたは今、代理面接を受けてきて私にそれを褒めてくれと言ってるんだよ。

結婚する当人がそのすべてを甘んじて受け入れ、何もかも一緒に乗り越えていこうというのが別の形の愛だということも、そして、その過程で生まれる戦友愛もそれなりに価値があるという話もした。さらには、その過程を共にしなかったからといって愛が足りないのではないことも私たちは十分に話し合った。彼が元カノとまったく似ていない私を愛するように、私たちには私たちなりの愛の形があるはずだと。私はそれに共感する彼と私たちなりの戦友愛を持って愛を育てていた。だから特別だし、私はKを愛していたし、私とKが作った愛を愛してもいた。なのに、それは私の一人相撲だったのだと思うと、心が折れた。

もちろん、Kとのことがあったおかげで私はその次につき合った人にこのエピソードを話し、同じことが起きるリスクを減らすことができた。元カレのことを今の彼との間に持ち込むのはよくないけれど、私はそれだけ強い意志を持った非婚主義者だから、同じ考えでないなら貴重なあなたの時間を無駄にしないでと心から望んでいることをアピールするのにとても役立った。それを理解してくれる人と固い関係を結べたのだから、そういう意味において私の人生の一部だったKに対してありがたい気持ちもある。

Kは結婚しただろうか。Kが望む愛の完成形として結婚がうまく作用していたらいいなと心から思う。私は、結婚のためにKを愛するなんてとてもできなかったけれど、Kが自分と似た形の愛を求める人と出会って幸せになってくれたらと心から願っている。Kはいい人だったから。

私たちはほかの人を愛したわけではなかったけれど、ほかの愛を愛したために自然に別れた。今もぼんやりと気になるのは、愛の終着点を結婚だと考えている彼が、私と結婚できなかったのは十分に愛されていなかったからだと思うのではないかということだ。

非婚宣言
何もそんな決心までしなくても

違う。だとしたら心外だ。私は愛しているから結婚してあげられなかったのだから。あなたがもっと私のことを愛していたら、一緒に非婚してくれただろうかと思うと私も寂しい。恋人である私はなぜ十分にあなたを幸せにしてあげられなかったのだろう。妻の肩書きがなければあなたを幸せにしてあげられなかったということが、私も悲しい。

恋愛は同じ愛を愛する人としなければと思う。
結婚までは愛せないよ、あなたを愛したのだから。

非婚主義者のくせになぜ恋愛するのか

こんにちは。私のこと、覚えていらっしゃいますか。少し前に私を含む大勢が集まった会議の場で、「非婚主義者という人たちは、ただ自分勝手なだけだ。非婚だ、非婚だって言いながら、恋愛はするんだから。人一倍寂しがり屋なくせに非婚だなんて」とおっしゃいましたよね。場が場なだけにきちんとお伝えできなかったことを文章に代えさせていただきます。

まず、私は非婚主義者です。どんな場にも非婚主義者がいるという当たり前のことが想像できないようでしたので、教えてさしあげます。本当に不思議ですよね？　世の中には自分のクローンみたいな人たちばかりが住んでいると思っていたのに、違う考えを持った人が存在するなんて。すべての人が恋愛に命を懸け、その恋愛というのは法的に結婚が可能な異性間のものであり、とくに女は男なしに生きていけないという勝手な推測をつねに恥ずかしげもなく叫んでいた方ですから驚くことでもありませんが、それでも残念でなりません。

寂しさ、それは当然感じます。恋愛も私の場合、ときどきします。ですが、恋愛するのは寂しいからだというあなたの言葉がどうにも後味悪くてこの文章を書いています。実際、社会は恋愛をすれば寂しい気持ちが埋められるという公式を一生懸命私たちに吹き込もうとしています。だからメディアは、一人で食事をするのが嫌なとき、性欲がわき上がってきたとき、けだるい週末の昼間に一人寂しく過ごすときなどのシーンとセットで、「ああ、恋愛したい」という台詞《せりふ》を押しつけたりもします。いつのころからか、私たちも互いに「ちょっと、恋愛でもしなさいよ」みたいなことを言い合ったりもしています。あなたの言葉の底辺にある「寂しい奴は恋愛をする」もそんな類《たぐ》いのものなんでしょう。恋愛さえすれば、日常の空虚と問題点が解決されると信じている人が大勢いますからね。まるで、ずっと恋愛さえしていれば、戦争と倦怠の歴史は存在しなかったかのように。

私たちは「恋愛したい」という言葉の意味を掘り下げてみる必要がありそうです。恋愛したいというあなた、あなたが定義する恋愛のふたを開けてその中にある欲望をじっくり観察してみるのです。私に必要なのは週末に誰かと食べるランチなのか、マスターベーション、あるいは一度きりのセックスなのか、新しい趣味なのか……。大切に扱うべき私の繊細な欲望が、社会が入れ知恵した恋愛神話のせいで「恋愛したい」に一括されてしまうことがどれだけ多いことか。そうやって恋愛をはじめたところで、日常の虚しさが埋められるどころか、それなりに営んでいた日常まで破壊されることがどれだけ多いことか。私は恋愛もしているのにどうしてこんなに寂しいのか、あるいは恋愛をしているのにどうしてこんなに不幸なのかと考えながらです。恋愛を維持することに集中し、不当で偏った関係の果てにかろうじて「いいえ、それでも私には恋人がいるじゃないの」と言い聞かせ、恋愛していないあの子たちよりはましだと考えるのでしょうが、実際そうではないということは誰よりも自分がよく知っています。そんな危なげな甘い妄想の前で私たちはどれだけ萎縮していたことか。「こんな幸せを手に入れたのに、どうして私はびくびくしているの？」と疑問がわいたなら、自分を責めるまえに「この幸せは本当に幸せといえるのだろうか」とくり返し考え、いつでもやめたっていいんだよと自分に言ってあげたほうがいいと思いませんか。でも、面倒だったのかもしれませんね。長い間、社会とメディアが吹き込んできた恋愛の幻想を今さら自分でぶち壊すことがです。だから、相手が以前のように優しく接してくれるのを待ってみたり、すでに冷めてしまった愛が再び燃え上がるのを待ちながら自分を責める時間を過ごしたりするのです。私も同じでした。

自分の情緒的安定の管理を他人に任せてしまうのは危険です。私の感情は誰かの報告やフィードバックを受けて確認するものではなく、自らコントロールすべきものですから。既婚者であり、非婚主義者の恋愛を寂しさの証拠だと解釈してあざ笑うあなたは、ひょっとして寂しいから結婚を選択したのですか？　はーっ、あきれた。それで今、寂しいからこんな意地悪をしてるんですね。一人で内面の空虚さをどうにもできなかったのなら、それは二人になったところで同じです。ある番組で作詞家のキム・イナさんが言っていたように、人は誰かの片割れではなく一人で完全体なのです。もう一つの片割れが現れて私を満たしてくれるのを待つのではなく、別のもう一人とどうやって一緒に歩んでいくかを悩むのが恋愛なのです。だから、非婚でうまく生きている人なら結婚してもうまくやっていけるという話になったのでしょう。自分は寂しくて結婚したのに寂しいから、結婚していない人たちはもっと寂しいだろうというわけですか？　いいえ、寂しくて結婚したから寂しいのです。ふーっ、何て軽率な。

恋愛は自分の状況を見てするのではなく、相手を見てするのだと思います。恋愛するのに必要なエネルギー、時間、お金をすべて受け入れてでもその人と一緒にいたいという気持ちがわき上がってくる相手ならです。互いの共通点を見つけて喜び、同時に私たちが違う人間であるということを絶えず確認しながら受け入れなければならないのが恋愛だから、寂しさからはじめた恋愛は危険なのです。恋愛は無気力や寂しさを感じている欠乏状態ではなく、むしろ走り出す準備万端の充ち足りた状態のときにすべきだと思います。そんなことを考えながら私も、自分が望むときに適度にいい恋愛をしながら生きています。非婚と非恋愛が混同されることがありますが、非婚は文字どおり非婚であるだけです。

非婚者が自分勝手だと思えたら、自分の心の中をのぞいてみてください。結婚を犠牲と社会貢献の概念で捉えているがために、結婚しない人々の選択を国民の義務違反とみなしてはいませんか。心のどこかで、私もあんなふうに生きたいのにあいつらだけ……と腹を立てているのではないでしょうか。結婚が与えてくれる喜びも多いでしょうに、残念でなりません。どうせなら、非婚者を攻撃して否定的な空気を醸し出したりしないで、未来に対する希望を抱いてみてはどうでしょうか。私たちはいつでも非婚になることができます。すばらしいことです。人生に失敗したという不安から他人を攻撃し、そんな自分のことを正常だと言ってくれと叫んだりせずに自ら主体的な選択をされることを願います。

あっ、非婚になったからといって既婚者を攻撃したりディスったりするのはやめてくださいね。それぞれ自分の望む生き方をすればいいのです。非婚主義者に一喝し、何の反論もなかった会議の場がさぞ心地よかったことでしょう。悲しいことに、人々が特定の意見に反論しないのはその意見が正しいこともありますが、多くの場合、どうせ何を言っても理解できないだろうと思うからなんです。あまりにも確信に満ちて見えるのも、時には寂しいものです。あなたの無礼な確信が気の毒なので、最後の親切心をかき集めてしたためておきます。

寒くなってきました。しっかり食事を取り、結婚よりも意味のあるよいことが見つかる有意義な一日になることを願っています。

甥や姪がそんなにかわいいなら自分の子を産めばいい

私は母方の伯母がとても好きだ。私が幼いころ、伯母は出版社で働いていて、彼女の定番ファッションともいえる青いスーツが私は本当に好きだった。彼女は私が知っている中でいちばん優しい大人で、一緒にいるときはいつも愛されているという確信があった。あの温かいまなざしが恋しくて、母方の親戚に会いにいくときはいつもうきうきした。彼女は母と違って私を叱ったりしないし、父と違って私をからかったりもしなかった。当時も今も、色黒であまり笑わなかった私はかわいらしい子供とは程遠かったけれど、彼女といるときだけはそんなことを忘れられた。

彼女は、うちの家族が大田《テジョン》に住んでいたとき、ワンオペ育児をしていた母とかわいい二人の姪に会うためにしょっちゅう訪ねてきた。いつも本やかわいい洋服をたくさん持ってきてくれて、中でも私はすべすべした素材のワンピース型のパジャマが気に入っていた。その理由の一つは、いつもお下がりを着ていて新しい服を買ってもらうことはほとんどなかったからで、うれしさは格別だった。二つ目の理由は、そのパジャマの体を包み込む優しい感触が彼女のまなざしに似ていたからだ。「伯母さんがいちばん好きだな」、「伯母さんがいちばんきれい」、「伯母さんは私を好きなんだ」といつも考えていた。彼女が大きな満月のように柔らかい光を放ちながら私を抱きしめてくれる人だとすれば、私はいつも窓を開けてその大きな月を見つめるように彼女を慕っていた。

甥ができたことは私にとって大きな事件だった。かわいいのはもちろんだけれど、あまりにも好きすぎて見ているだけで胸がいっぱいで、甥が飛び跳ねていると、目を離した隙にけがでもしたらどうしようとどきどきするほどだ。姉が産後うつで苦しんでいたとき、「子供がかわいくて仕方ないのに、かわいいでしょうって自慢できる相手がいなくて。それがとても寂しい」と言ったことがあるが、私はすぐにその言葉の意味を切ないほど理解した。そして、育児は物理的に死ぬほど大変なことではあるけれど、育児ストレスの本質は死ぬほど愛する気持ちそのものだということも知った。体力と精神力を絶えずすり減らし、満身創痍の状態でも最善を尽くしてあげたいと思う切実な気持ちがどれだけ心を疲弊させるかを垣間見てからは、姉に仕事のことで泣き言を言ったり偉ぶったりしなくなった。

私は姉のおかげで子供の世界がどれだけふわふわしていて繊細かを知った。妹が生まれ、突然赤ちゃんからお兄ちゃんになったジュンはある日、「ジュンはどうしてこんなにかわいいの?」という質問に「大きくなってないから」と答えて私をどきりとさせたことがあった。よくよく聞いてみると、公園で会ったおばあさんが「あれぐらいのときがいちばんかわいいよ。大きくなってごらん」と言うのを聞いたという。自分より小さい存在が生じた子供にとってその言葉がどれだけ恐怖だったことか、想像に難くない。それ以来、「ジュンは大きくても大きくなくても本当に大切な存在だよ。叔母さんはジュンが大きくなってもならなくても大好きだよ」と何度も言ってあげた。そのことがあってから、ジュンにも妹のソルにも「かわいいね」、「お利口さんだ」、「よくできたね」よりも「大好きだよ、ジュン」、「私の大事なソル」みたいな言葉をかけるようになった。母方の伯母が私に向けてくれた温かいまなざしを私もジュンとソルに与えることができているだろうか。そんなことを気に病みながら二人の子供に私の愛をせっせと告白しているところだ。

ジュンとソルを溺愛している私に、まわりの人は「そんなにかわいいなら、自分の子を産めばいい」と言う。それに対して私は真面目に、「いい叔母さんになるだけで精いっぱいなのに」と返す。人は私が子供のいない寂しさをジュンとソルをかわいがることで埋めていると思っているのだろうが、私には母方の伯母というすばらしいロールモデルがいて、彼女のおかげで子供の世界にはいろいろなタイプの大人が必要だということを知っている。母や父といった主養育者、伯母のように近くにいて無償の愛を確信させてくれる親戚や知人、スーパーで何か悪さをしてしまったときに叱るのではなく安心させてくれる従業員、過ちを犯したら愛のある説教をしてくれる師匠……。私にとって伯母は主養育者である両親の次、つまり三番目に好きな大人ではなくまったく別の領域で私を育ててくれた人で、私と伯母の間にある連帯関係は、私と両親の間のそれとは完全に別次元のものだ。そんなふうに人生の重要な瞬間に現れ、ふわふわで繊細だった私の世界をよい方向に導いてくれた大人が確かにいた。

私は自分の子を産む計画はないけれど、ジュンとソルにとって意味のある存在になるつもりだし、道端で出会う多くの子供たちが傷ついたまま一日を終えることがないよう、社会の共同養育者としての役割を果たすつもりだ。食堂や交通機関で子供が泣いているとき、それを黙認するのは寛容なのではなく現代市民の義務であるということを忘れず、ノーキッズゾーン〔レストランや居酒屋、ナイトクラブなど子供の立ち入りが禁止されている場所。韓国で二〇一四年ごろから広く使われはじめた用語で、二〇二三年現在、五〇〇か所以上あるとされている〕が明らかな児童嫌悪であるということを機会があるたびに話すこと、道を聞いたり助けを求める子供がいたら、丁寧に最大限の手助けをすること、ジュンとソルを含むすべての子供たちが、自分がどんな存在であっても、どんな存在を愛していても安全を感じられるよう私にできる行動を起こし、文章を書くこと。それが社会の共同養育者の一人として生きる私にとって重要な養育活動だ。

子供を愛するあまり子供を持たない人がいる。新しい生命を誕生させることは崇高な行為だけれど、すでにこの世に生まれ落ちた命に大きな関心も持つことも大事だ。そして、出産しない女性のサンプルであることも、社会的な共同保育の一環だと信じている。私が非婚、非出産で生きることによってジュンとソルに何かあればすぐに駆けつけられる機動性のある叔母になり得ると同時に、非婚、非出産で生きてもいいのだという当然の選択肢を子供たちに示すことができるという点で重要だ。声も性格も似ている年子の姉と私はまったく異なる生き方をしているけれど、それは単なる差異であってどちらかが間違っているのではないということを示すために私たちは、それぞれの場所でそれぞれのことを語る。ジュンの夢は叔母さんみたいな作家になることで、ソルは母親のやることをそっくり真似をする。私たちはつねに二人を抱き寄せ、何になっても何をしても構わないのだと伝えたくて一生懸命生きている。

あるアメリカのドラマで、病院の院内保育所に子供を預けていく女性医師にほかの医師が力強く声をかけるシーンがある。

「子供に悪いだなんて思わないで、堂々と行ってくるねと手を振って職場に向かいなさい。そんな母親の後ろ姿を見ながら、あなたの娘もあなたみたいな格好いい女性になるはずよ」

　そばにいて頰に口づけをしてくれる養育者もいれば、私の伯母みたいに大きな月のようにいつでも眺めることのできるロマンチックな存在でいてくれる養育者もいる。傍らで子供の安全を守る養育者もいれば、まだまだ危険な世の中を少しでも安全にしようと外の世界で懸命に働きかける養育者もいる。私は主養育者である両親だけでなく、そんな多様な養育者のおかげで多くの短所や欠陥を補い、保護されながら生きてきたと思う。

　子供を産まず、育てない人たちは自分勝手だという見方は、彼女たちなりの社会的養育活動をいとも簡単になかったものにしてしまうことに使われたりもする。もちろん、個人としての養育者と社会的養育者の両方の役目を果たす人もいるけれど、世間で言われるように非出産者がそのどちらもしていないというわけではない。今、誰かの家で保護されている子供がいたとして、その子は子供を産んでいない人たちの努力によってよりよいところで暮らせているということだってあるだろう。少しでもよい大人になろうと努力し、過去の自分を恥じ、私と違った生き方をしている人たちに目を向けることは、自分の子を保育所に連れていき、家で食事を用意して待っている姉の心の延長線にある。

ジュンとソルが将来何になるかわからないという事実は、私の世界まで柔軟性のあるものにしてくれる。だから、あきらめられない。ジュンとソルがかわいくてたまらないから、私は今のまま力いっぱい生きることをやめられない。

母方の伯母がどれだけ私の世界をよりよいものにしてくれたことか。いつか、彼女が私にとってどんな存在であるかを本人にじっくり話して聞かせてあげたいと思いながらいまだに実行できずにいて、だからこれを書いている。なぜなら、今でも伯母は私に会うと愛情を示すのに忙しく、話す隙を与えてくれないからだ。そういう私も、伯母の温かさをめいっぱい味わうのに忙しくて話す余裕がないのだけれど。私にとってとても大切な人、私を作った大きなピースの一つである伯母のチョン・インソンにこの文章を捧げたい。月のような彼女のおかげで私もそんな叔母になりたいと思えるようになったことが、私の成長にどれだけ役に立っていることか、想像もできないだろう。

そして、もう一つ。子供がそんなに好きなら、どうして自分の子を産まないんだと言うのは本当にやめよう。そんな論理なら、ビール好きの私はまず醸造所を作らなくてはならないことになる。人生はそんなに単純なものではないのだ!

ロングタイム・ノ氏ですね

仕事を終えて運動をしに行く前に時間があるときは、たいていスタジオ近くで一人ごはんを食べる。一人で韓定食の店をあちこち回るのが好きで、今日は焼き魚の店でサワラの塩焼き定食を食べた。傍らでは、年配の人たちが青筋を立てて激論を交わしながら焼酎を飲んでいて、そんな風景を見物するのも楽しみの一つだ。いつごろからだったか、まるでユーチューブのアルゴリズムみたいに私は会う人と会話の傾向が似ていった。明度と彩度の違いはあるものの、似たようなスタイルの人たちと似たような会話をくり返している。でも一人で食事をすると、他人のユーチューブやネットフリックスにログインしたときのように異なる傾向の会話をリアルに聞くことができる。

いちばん激しく青筋を立てていた「今日の青筋大賞」のおじいさんが言った。

「坡平尹氏《パピョンユンシ》、安東金氏《アンドンキムシ》なんてのは、最近の若いもんは誰も気にしちゃいないよ。宗親会《チョンチンフェ》〔同姓同貫の親類の会。同貫は姓を作った始祖の出身地である本貫が同じであることを意味する〕も年寄りしか来やしない。だから、何でも勝手に作ったりするんだ。ほら、あれだよ。外国人が新しく作ったのがあっただろ？　青陽呉氏《チョンヤンオシ》だったたか。何でも適当にくっつけりゃいいってもんじゃないぞ」

姓氏というのは本来、適当に地名と姓をくっつけたものだけどね。宇宙の起源とかそんな大げさなもんじゃない。坡平尹氏の代わりに「坡平坡平バナナ」としてたら、それが代々伝わっていたかもしれないし……。おじいさんたちの前で声に出して言おうものならきっとサワラをぶつけられるに違いない、そんな言葉遊びを頭の中でしながらサワラの身をほぐして次々口に運んだ。

すると突然退屈になって、彼らの会話に耳をそばだてる代わりにもっとくだらないことを考えてみたくなった。実際に、「今日から私は坡平尹氏だ！」と宣言した人がいたとしよう。そして、私は数学をあきらめた人間だけれど、ちょっと計算してみよう。

一　坡平尹氏が坡平尹氏でない人と結婚する。

二　坡平尹氏は半分になる。

三　ハーフの坡平尹氏が坡平尹氏でない人と結婚することだってあるだろう。
四　すでに孫の代で坡平尹氏は四分の一になっている。
五　ひ孫の代になれば一〇パーセント台に減少する。

どういうことかというと、長く続いている家であるほど大々的に近親婚でもしない限り坡平尹氏の血は「ゼロ」に近づいていくというわけだ。反対に青陽呉氏のオ・ジュハン（ケニア出身のマラソン選手で、帰化前の氏名はウィルソン・ロヤナエ・エルぺだ）選手はワンアンドオンリー、唯一無二で一〇〇パーセントの純度を誇る青陽呉氏だ。

そういう意味において、私が映画『インターステラー』（二〇一四）のように何百年後の世界で自分の子孫と話すことになったら、「太初に青陽呉氏がいた。私はオリジナルの青陽呉氏をテレビで観たんだ」と『神秘のＴＶサプライズ』の情報提供者としてインタビューを受けることだってできるだろう。「今、青陽呉氏っていう奴らがいるだろう？あいつらは皆ニセモノだ。実際、彼らの中に流れる血の大部分は青陽呉氏じゃない。そんなふうに突きつめれば、このあたしだってアダム・ア氏で、母系社会が基準なら、イブ・イ氏だ。韓国的な思考で見れば熊男熊氏兼壇君壇氏だよ」

そう考えると、私は郭氏《クァクシ》だけれど、実際には郭氏以外の血が私の大部分を占めているのなら、私の姓氏は私が決めても何ら問題はない。例えばロングタイム・ノ氏〔long time no see〕」みたいなのでも構わないわけだ。うーん、なかなか斬新！

冗談みたいに「祭祀なんてそんなもの、何でやるわけ？　ほんとにご先祖様の恩恵を受けている人はみんな、海外に遊びにいってて祭祀なんてやってないよ」とぶつぶつ文句を言っていたが、今ならご先祖様の恩恵を受けられない理由がわかる。遠いご先祖様にしてみれば、私に譲り渡す分け前なんてもう残っていないだろう。結局、行政上の便宜のために、私という人間の本質とは関係のない名前で生きているだけなのだ。

たかだか結婚していないことぐらい、代を継げなかったことぐらい何だっていうのだ。私たちは誰の血を引き継いでいるのかもよく知らないまま生きているというのに。今、生きている人たち同士で愛し合い、共に時間を過ごせばいいではないか。「ゼロ」に収れんされる観念に振り回されて愛する人たちの大事な時間を消耗している間に、私たちはあまりにも多くのことを取り逃しているのではないだろうか。

ふと、目の前にある「サワラ」は少なくとも「サワラ」と言ったとき、その多くの特性を連想させるから、意外にもクァク・ミンジという名前よりも本質をよく表わしているのではないかと思った。敬虔な気持ちで最後の一切れを食べた。しばらく、私の中には郭氏よりもサワラの血のほうが多いかもしれない。郭氏よりもサワラに近いかもしれない状態で、サワラがくれたエネルギーで運動をして帰宅した。

非婚の冠婚葬祭

幸せと悲しみを分かち合うのに
損も得もない

私が暮らすあの家

子供のころからずっと大規模マンション暮らしだった。母によると、わが家も一軒家の片隅で毎月家賃を払って間借りし、大家さんに気を使いながら暮らしていた時期があったらしいが、三七歳の私が覚えているのはすべて大規模マンションで起きたことだった。私たちは、母と父が上手にやりくりして貯めたお金とローンを合わせて大規模マンションに住んでいて、それゆえ生活費も倹約しなければならなかった。わが家に対する私の記憶がそうなのだから、とりあえず、ずっと大規模マンションで暮らしていたと書いておこう。最初の記憶は大田《テジョン》の長い廊下のある公営住宅だったが、私はそこで人生初の友人であるミヒョンに出会った。ミヒョンの家族とうちの家族は一緒に旅行に出かけるほど仲が良く、そのつき合いは今も変わらない。ミヒョンの結婚式では私が祝辞を述べることになったのだが、祝辞の中にはこんなエピソードがあった。

「私とミヒョンは三歳のときに出会いました。マンションの中の公園で二人一緒に遊んだりしたものですが、子供のころ、何をするのも遅かった私と違ってミヒョンは本当にはきはきした子でした。お利口さんのミヒョンとは対照的に、私はおむつが取れる年になってもパンツにうんちをもらしたりしていたのですが、そんなとき、ミヒョンは泣いている私の手を取って慰めながら母のところに連れていってくれました。こんな大勢の前であえてうんちをもらした話をするのは、ミヒョンがどれだけ自分のまわりの人を大切にし、その関係に対して責任感を持っているかに気づいたのは、ミヒョンのお母さんよりも私のほうが早かったということを言いたかったからです。（後略）」

司会者が私の略歴を読み上げるのを忘れたせいで、私は大勢の招待客の前で適切な紹介をされないままただの「おもらしさん」になってしまったけれど、とにかくここで大事なのは、私はうんちをもらしていたころから大規模マンションに住んでいたという点だ。マンションのオンドル用の煙突の下で遊び、地下の防虫ネットがきらきら光っているのを見て野良猫がいると信じ、父が残業で遅くなる日にはマンション名が大きく書かれた巨大な岩の上に姉と並んで座って足をぶらぶらさせながら父の帰りを待っていた。昼寝から覚めて母の姿が見えないときは何号室に捜しにいけばいいかを知っていて、事実上、共同保育に近い環境で、長い廊下を保育所みたいにして過ごしてから幼稚園に入り、大学を卒業するまで住民登録上は大規模マンションの住民だった。

だからか、私はいつもマンションが嫌いだった。マンションには数多くの長所があるにもかかわらず、私はその長所の裏側がことごとく気に入らなかった。エレベーターがあり、管理室があるということは、必然的に一日二回は知らない人と狭い空間を共有しなければならず、私が何時に帰ってきて何時に出かけるのかを誰かに公表しているみたいに感じられた。ある人は、私がエレベーターで挨拶しなかったと言って母に告げ口した。アイスクリームを食べたくても店までかなり歩かなければならず、マンションの持つ外部との必然的な距離も嫌いだった。


大学に入って一人暮らしをすることになったとき、私は少し遠くても部屋らしい部屋を探そうという両親の提案を退けて大学の目の前にあるトイレ、シャワー付きの三畳ほどの狭い部屋を選んだ。大学から少し離れればもう少し広くてキッチンのついたワンルームもあったけれど、与えられた予算の中で好きにしていいのなら、私は大学のすぐ近くに住みたかった。ドアを開けて外に出れば目の前に大学があり、コンビニがあり、飲み屋があり、カフェがあるところなら、部屋の広さや形態はどうでもよかった。その後、私はずっと、すぐに外に出られる低層の小規模マンションに住んでいる。

解放村《ヘバンチョン》を選んだ理由もそこにある。南山《ナムサン》の真下で、好きな飲み屋がたくさんあり、独立書店とカフェがある街。いろんな国籍の人たちが集まって住んでいて体つきや服装もさまざまで、どこか緩やかな雰囲気があり、一人暮らしのコミュニティが比較的うまく形成されている。フリーランスなので仕事場がしょっちゅう変わるが、解放村はソウルのど真ん中なので、どこへ行くにもかかる時間はだいたい同じだという点も気に入っている。六か月間、ありとあらゆるキーワードで不動産サイトのお知らせメールを設定しておき、探しに探してついに気に入った部屋を見つけた。大人二人と小学生の子供、大きなコーギーが住んでいる2ＤＫだった。家具が多くて空間全体はよく見えなかったけれど、あれこれ整理して二部屋を仕事部屋と寝室にすればよさそうだと思って契約し、とても満足しながらここに暮らして三年目になる。

私にとって家は、仕事部屋であり出版社であり友人とお酒を飲む場所だ。普通は、いちばん大きな部屋を寝室と考えてそこにベッドを置くけれど、睡眠障害のある私は寝室にベッド以外のものを置きたくないので、本当にベッドだけすっぽり入る小さいほうの部屋を寝室にした。代わりに大きい部屋の真ん中には、自分で素材を選び、デザインやすりがけまでして作ったウォールナットの無垢板のテーブルを置いた。あまりにも大きくてドアを抜けられず、結局、天板と脚を別にしておいて部屋の中で組み立てるはめになったが、そうわかった段階でもあきらめなかった。自分の部屋だけは思いきり自分の趣味に合わせたかったからだ。そのテーブルは今、仕事部屋のデスクであり、友人が遊びにきたときにはお酒を楽しむための立派なテーブルにもなっている。冷蔵庫はメタリックカラーのスリム型にした。この冷蔵庫を巡っては母とずいぶんもめた。母は先のことはわからないんだし、あなたも若くはないんだから大型の冷蔵庫を買いなさいと言い、その会話のおかげで、母は私の非婚の決意を何度も確認することになった。

「一人暮らしだからスリム型の冷蔵庫で十分だよ。私は作り置きのおかずを常備するのも嫌いだし、旬の食材を買ってきてすぐに料理して食べてしまうから、小さい冷蔵庫でも余裕があるんだ。スリムなメタリックライフ！　それが私の考える充実した一人暮らしなんだよ」

空気清浄機はないけれどワインセラーはあり、浄水器はないけれど家庭用のポール（私はポールダンスをしている）はある。誰かが代わるがわる家事をする家庭と違って家事をするのは私一人だし、食器洗浄機やロボット掃除機みたいに留守の間に家事を手伝ってくれる家電もある。もちろん、一人で小規模マンションに住む女性は、大規模マンションよりも気をつけなければならないことが多い。車のダッシュボードの上に置いておく連絡先は私の携帯番号ではなく特定のアプリを経由した番号で、玄関のドアチェーンは二重にしている。友人が遊びにくるとき、その中に男性がいたら、出前を頼んだチキンは必ず彼に受け取ってもらうようにしている。女性が一人で住んでいる家だと認知させてはいけないという強迫観念があるからだ。宅配も男性の仮名で注文し、二四時間部屋の灯りをつけたままにしておいて、私が帰宅してマンションのエントランスから入ったのを見たとしても何号室かひと目でわからないようにしている。面倒な生活だけど、私が追求する利点のためには仕方ない。早く世の中が一人暮らしの女性にとって安全なものになり、そんな物理的、精神的な負担が軽減されるといいなと思う。

ある日、家についてインタビューを受けることになった。非婚者が望む家とはどんなものなのかを取材する企画だった。私は小さなマンションと一戸建てに対する愛を語り、ソウル市内にある古民家を購入してリフォームするのが夢で、友人がいつでも遊びにこられる共用スペースとポールダンスができる空間を備えたものにしたいと答えた。

「なぜ大規模マンションに住まないんですか？」

記者はそう質問し、私は、今ある大規模マンションが私にとって最善の居住環境だという確信を持てないからだと答えた。大規模マンションの価格決定に影響を与える条件は、マンションの敷地内に小学校や保育園があったり、名門学校のある学区だったりとファミリー層に合わせたものが多い。そんな条件を含めて価格が設定されていると、それらの恩恵にあずかる予定のない私としては、あえて高額なお金を支払って大規模マンションに住む理由がない。必要のないオプションのせいで高価になってしまった車みたいなもので、私は自分に合った仕様の車に乗るだけだ。私には外部へのアクセスの良さや独立性がより重要で、一人暮らしの人が多いところで一人暮らしの友人と親しくつき合いたい。大規模マンションが持つ長所がどうしても必要な人もいれば、私みたいにそうでない人もいるのであって、大規模マンションに住んでいない人たちのことをまだ大人になりきれていないとか情けないとか言わずに互いを尊重したいものだと。インタビューでそう答えたあと、この際、宣言しておこうと思うんだけどと、笑いながら両親にこんな話をした。四二歳ぐらいで古民家を買うつもりでがんばって財テクと貯金をするよ。その一年ぐらい前までには建築関係の仕事をしている人とも友達になる。リフォーム工事のときに騙されたりしないようにね。

インタビュー記事が出ると、コメント欄は大変なことになった。「大規模マンションを買えば相場差益が出るじゃないか。馬鹿なことを言いやがって」、「立派な大人なら大規模マンションに住むべきだ。学生じゃないんだから」と……。その人たちの言うとおりだとして、相場差益を得られずに損をするのは私なのに、どうしてみんな自分のことに傾けるエネルギーよりも大きな怒りを爆発させて私の生き方にケチをつけるのだろうか。結局、記事はその勢いに乗って検索サイトのメインニュースにまで躍り出た。

とにかく彼らは、自分たちが考える家と私が考える家の概念がそもそも違うということを受け入れ難いようだった。事務所を兼ねていて友人がしょっちゅう訪ねてくるので、お客さん専用の歯ブラシや友人が連れてくる愛犬のための排便パッドまで常備しているわが家は、彼らの言う直系家族との「ホーム・スイート・ホーム」とはかけ離れている。家に友人を入れることに慎重な人が多いが、私は（大親友に限って）一緒にお酒を飲んでいて二次会になると、三次会の場所としてわが家を含めて考える。つねにお客さんが来るので、誰かが来るからといってとくに大掃除もしないし、友人も私と性格が似ているからか気兼ねなく訪ねてくるし、自分の家にも私を気軽に入れてくれる。

一方、仕事で人に会うことが多い私は、家で一人いる時間の自由を愛している。「家にはそもそも家族の温もりとにぎやかさがなきゃ！」という言葉に含まれる「家」も私の考える家とは違う。

「何を言うんですか。家っていうのはそもそも冷たいものであって、火花のように熱く、激しく働いて帰ってきたら、冷たいグラスに琥珀《こはく》色のウイスキーを注げばいいんです」

私にとって家は、自分が望むときは他人がいて賑やかだけれど、そうでないときはすべてを遮断して頭を空っぽにする自由が保障されている可変的な空間だ。毎日誰かがいるわけではないということによってもたらされる喜びがどれだけ大きいことか。シャワーを浴びて素っ裸で出てきたら冷蔵庫のドアを開け、ビールを一杯一気飲みするまで自由を満喫してもいいし、誰にも気兼ねしないで何日もシャワーを浴びないまま、まぶたから落ちてくる油分のせいで目がひりつくほどダラダラしていても構わないのだ。シャワーを浴びて原始的な状態を維持する権利とシャワーを浴びずに原始的な状態を維持する権利の両方が保障されているなんて、わが家は最高だ！

インタビュー記事の話に戻ると、もちろん、中には参考になるアドバイスもあった。だが、そもそも頼まれてもいないのに他人の人生に口出しする人たちらしく、アドバイスを超えた過度な人身攻撃と誹謗中傷に近い言葉であふれていた。他人が何のために損をしようがどんな人生を生きようが、あんなに必死に神経を尖らせる必要があるだろうか。そこまで考えると、ふつふつとわき上がる鬱憤《うっぷん》を抑えながら息を殺して生きていた人たちを刺激した原因は大規模マンションにある確率が高いのではないかという考えに至った。自ら望んでというよりは他人の基準に合わせて無理して大規模マンションを購入し、そのせいで日々多くのことを我慢している人たちは相当いるだろう。生活を切りつめてローンを返しながら暮らすのだって大変なのに、そうでない人がお気楽に見えたことが引き金になったに違いない。

彼らの主張によれば、のちのち相場差益が得られるだろうに、なぜあんなに怒るのか。そんなにしんどいなら、やめておけばいいのに。作家になりたかったけれど社会の基準に合わせて月給生活を選んだ友人が「作家という職業はリスクも大きいし、晩年苦労する」と言ったことがある。私の前でそんな話をする友人の心の奥に未練があるのがうかがえたので、それを訂正したり説得したりしなかったが、インタビュー記事のコメント欄からはあのときとよく似た感じを受けた。

結婚してこそ一人前、子供を持ってこそ一人前……大規模マンションに住んでこそ一人前なんて言う人もいる。小さなマンションに住んでいる一人暮らしの人も、自炊生活している大学生扱いだ。大規模マンションに至るまでの一時しのぎだと。確かにそういう人もいるかもしれないが、私を含む多くの友人たちにとっては違う。そのうち、大規模マンションに住みたくてたまらなくなる日が来るかもしれないし、私も財テクの一手段としてマンション投資に目を向ける日が来るかもしれないけれど、その大きな欲望に今すぐ乗っからないことがそんなに誰かを不快にし、恐れを抱かせるとは思いもしなかった。

誰かが自己紹介をしたとき、自分と共通する部分がないと自らの人生が非難されたと受け止める人たちがいる。相手がヴィーガンだと言えば、肉食の自分を非難するのかと言って攻撃し、結婚しないことにしたと言うと、結婚している自分は馬鹿だと言うのかと防御態勢を取り、フリーランスだと言うと、まるで組織に忠誠を誓う正社員の生き方はつまらないと言われたみたいに受け止めて自分の職業の安定性を突然アピールしはじめる人たち。自分のカラーを持っている人に恐れを感じる人たちのためにも、私たちはそれぞれが持っている欲望をもっとさらけ出して生きるべきだと思う。私一人に集中していたターゲットがもっと増え、それらを攻撃の対象とすること自体がどれだけ無意味で暴力的かという同意を引き出すために。

友人とこんな話をする。四人家族がだんだん減っている昨今、いつかは大規模マンションを非婚者のためのサービスレジデンスに変える事業家が出てくるかもしれないと。共用スペースを一人暮らしに合わせてリフォームし、健康管理や家事をサポートしながら、各自の独立性を確保してくれる空間を保障する、そんな事業を展開すればうまくいくだろうと。でも、誰かがお金の匂いをかぎつけてそんな商品を作って売り出す前に、すでにこの世に存在し、増加している非婚者のための制度が設けられ、居住空間が用意されるといった便益がもっと増えるべきだと考える。ローンから分譲マンションの抽選の申し込みまであらゆることにおいて不利な一人暮らしが大規模マンションであれ、小規模マンションであれ、一戸建てであれ、本人が望む形の生活ができるようになればと思う。たとえば、一戸建てが好きで今はそこで暮らしている人が、いつか気持ちが変わって新たな選択肢として大規模マンションに目を向けるようになったとき、平等かつ自由に検討できる権利が必要だからだ。

自由に選ぶ権利、そして、選んだことについて自由に口にする権利がすべての人に与えられた未来が来ることを願う。それが人であれ、家であれ、何であれ。

私もお母さんみたいに生きたい

ポッドキャスト『ビホンセ』をはじめて以来、非婚者の立場としての考えを聞かれることがたびたびある。ドキュメンタリー番組のインタビューの一部だったり、紙面インタビューの場合もある。いくら『ビホンセ』が非婚者の話が聞こえてこないからはじめたものだとはいえ、こんなに非婚について語る人が少ないなんて思いもしなかった。

先に書いた家についてのインタビュー記事は、その日の朝一〇時にインターネットにアップされた。担当記者は、もし傷つくようなコメントがあっても気にしないようにと、心遣いあふれる言葉を添えて記事のリンクを送ってくれた。私は大丈夫だと返信した。女が声を上げると内容がどうであれ攻撃されるということは、すでに何度かの寄稿を通じてよく知っていた。仲秋や旧正月などの休日を、皆が特定の形で過ごすのは当然だという前提で失礼な質問をするのはやめようという趣旨のコラムを書いたときは、「これを書いたクァク・ミンジさんはどれだけ美人なのかね」、体を鍛えている女性として外見としての体ではなく機能する体について社会的論争を巻き起こしたいと発言したときは「男に愛されない女が集まって社会のせいにしている」、性に関する話を書いたときは「おばさんたち、楽しそうだね」というコメントがつけられた。

取材した記者が心配するのも無理はないと思った。私がどんなことを言っているのかは重要じゃないのだろう。「私はすでに必死にお金を貯めて自分の家を持っています。今は、この家で一緒に暮らす男性が現れるのを待ちながら、慎ましく花嫁修業をしています。子供は二人ぐらい産んで良妻賢母として幸せに暮らすのが夢です」と言わない以上、何を言っても結果は同じだとわかっていた。多少予想はしていたものの記事は炎上し、一五〇〇ほどのコメントがつけられ、メインページに躍り出た。そして、人と同じ生き方をしないうえに、大胆にもその生き方と考えを見せびらかした非婚女性に対する「警告（を装った誹謗中傷）大会」が開かれた。

「アルコール漬けで死ぬだろうよ」
「うちの奥さんも三〇代半ばまではお前みたいに偉そうなことを言ってた」
「娘がこんなじゃや、両親は夜も眠れないな」

そして極めつけがこれ。

「まさに結婚できないタイプ！」

最初の二ページほど読んで「ああ、炎上してる。記者さんはさぞうれしいだろうな」と思いながらコメント欄を閉じた。もちろん、私がそんなふうに反応したからといって決して悪質なコメントを書いていいわけではない。単に、私にはそれを全部読んで警察に突き出すべき悪質コメントを選り分ける時間がないだけだ。そもそも読ませるために書いたコメントには責任が伴い、それを看過すると痛い目に遭うのは作家もコメント投稿者も同じだ。

ただし、こういう類《たぐ》いのコメントが殺到するときは、家族のトークルームで記事やコラムを共有しないのが私が作った一種のルールだ。私が選択したことやそれが原因で経験したことによる不快感を家族に知られたくないからだ。私も自分より家族が誰かに非難されたときのほうが大きな憤りを感じるし、私みたいにこういうときのためのマニュアルがない家族の一日を不必要に台無しにしたくもなかった。でも、今回は父がトークルームに私の記事のリンクを貼った。そして、ふだんなら左手に愛情を、右手に棒を持ってあれこれ言いたがる母が、どうしたことか何の小言も言わなかった。

「よく書けてるわね〜」

ああ、お母さんもお父さんも気に病んでるんだな。

しばらくして実家に遊びにいった私は、母とこの件について話をした。私が淡々と話すと母は、あんたは立派だと言わんばかりにこう言った。「コメント欄に誰かが『娘がこんなじゃ、両親は夜も眠れないな』って書いてただろう？　よっぽどログインして返信してやろうかと思ったよ。『よく眠れてるよ、大きなお世話だ！』ってね。だけど、返信なんてやったことないからやめといた」。私たちはひとしきり笑いながらこの話をしたが、母は何度も私に大丈夫かと確認した。

「だったらいい。お母さんは別に心配してるわけじゃなくて……。お前がどんな子なのか知りもしないくせにそんな悪口を書かれて腹が立っただけだよ。うちの娘がどんな子なのかも知りもしないで……」

その瞬間、母の声が震えて目に涙が浮かんだ。母は見せてはいけない姿を見られてしまったみたいに慌てて涙を拭いながら、「お前の顔を見てると急に涙が出てきて」と言い、その記事を読んだときは決して泣かなかったのにとつけ足した。平気なふりをして涙を拭く母に「嫌だな、お母さんったらどうしたのよ〜」と茶化して笑った。そして、私たちは互いに、本当に大丈夫かと何度も確認してから別れた。

しばらくすると、さゆりさん〔韓国在住の日本人タレント。二〇二〇年に韓国では不法の人工授精による未婚出産をして論争を巻き起こした〕が非婚のまま出産したというニュースが聞こえてきた。最初に報道したメディアから連絡があり、インタビューに応じてもらえないかと聞かれ、私は何時間か悩んだ末に断った。ものすごく格好いい話はしてあげられなくても応援したい誰かがテレビの向こうにいるのなら、いくらでもインタビューに応じたかった。だけど、「それによってお母さんを泣かせることになったらどうしよう」という考えが頭をかすめたのだ。もちろん、すぐにその考えを後悔した。絶対に考えてはいけないことだった。母はインタビューに応じたから泣いたのではない。私がどんな人なのかも知らずにあれこれ言う人に傷つけられて泣いたのだ。だったら、私がすべきことは私みたいな人を応援することであって、私たちの存在が小さく見えるように隠れることではない。だから、その後に依頼のあったインタビューには応じた。

そして翌月、誕生日を迎えた私は再び、母と父を訪ねていった。韓国で誕生日には欠かせないワカメスープをごちそうになり、甘いものがあまり好きでない私のためにケーキではなく小さなあんまんで祝うささやかな誕生日パーティーをした。今年あった大きな変化のうちの一つは、私が非婚者というアイデンティティをもって数多くの活動をしたことだったから、自然とその話題になった。そして、母は慎重に、人からそんなふうに攻撃されることがわかったのだから、非婚の話をするのはやめたらどうかと聞いてきた。もちろん、お前は変なことを言ってるわけじゃないけど、誹謗中傷する人たちに余計な口実を与えなくてもいいではないかと。お母さんは、お前がそんな目に遭うのを見ていられないと。

あんな人たちがお母さんの心を動かすなんて。
あのお母さんが怖がるなんて。
私のことをいちばん誇らしく思っている人が私の口を封じようとさせるなんて。

誹謗中傷に力なく屈した母が恨めしかった。そして、怒りをぶつけた。

「お母さんがそんなでどうするのよ。あの人たちが望んでることをお母さんが口にするなんてひどすぎる。あの人たちにとっては自分の気に入る人たちだけが正常で、あとは息を潜めて静かに暮らしてろって、そんなことを言う人たちなんだから。お母さん、私のコラム読んでないの？　誰のことも攻撃してないでしょ？　結婚して家を買ってちゃんと暮らしてる人たちのことも、みんな理解して応援するって書いてたじゃない。ただ、私みたいな人もいるって、そんな内容だったよね（母曰く、「もちろん読んだよ」）。私は何も悪いことをしてないのに、どうして黙らないといけないの？　お母さんが私をこんなふうに育てたんだよ。誰の前でも気おくれしちゃダメだよって言いながら。なのに、あんな人たちのせいで縮こまって生きなきゃならないなんて、ひどいよ」

実際はもっと激しく、きついことを言ったに違いない。驚いた父は、怒り狂ってわめきちらす私を止めようとし、母は私が心配だからと言った。気持ちがわかるだけに余計に腹が立った。

「お母さんは自己紹介をして攻撃されることはないでしょ？　結婚して娘を二人産んで、そのうちの一人には子供が二人いて、一生懸命働いて手に入れた大規模マンションで暮らしてるって言っても攻撃されることはないよね。『大規模マンションに住んでいない人を馬鹿にする気か』、『亭主のいない人を見下しているのか』、『子供を産まなきゃ人間じゃないって言うのか』、『お前の結婚生活がいつまで続くか、見ものだな』って、そんなこと言う人はいないじゃない。私が心配なのはわかるよ。だけど、お母さんは私を完全に理解することはできない。私だってお母さんみたいになりたいよ。結婚して子供を産みたいんじゃなくて、私もお母さんみたいに私の生き方を認められたい。私がどんな人間かを話しただけで攻撃されるのはもううんざり」

誕生日だったからか、母は興奮した私の話を黙って聞いてくれた。そしてこう尋ねた。

「それじゃあお前は、あんなことを言われても平気なんだね?」

当然だよ。あんな人たちに何を言われたって関係ない。お母さんを含めた大好きな人たちが応援してくれることがいちばん大事。

「お母さんが私の味方なら私は大丈夫。だけど、あの人たちと同じように、息を潜めてひっそり暮らせってお母さんに言われたら、平気じゃいられない」

「あたしは何もそんなことは言ってない……」

不利になった母はグラスを持ち上げ、横目でにらみながら乾杯した。

今日もこうして、あやうく私の船から降りてしまうところだった母をどうにか留まらせた。

いちいち説得するのに速度が落ちたとしても、私は何が何でも母と一緒に進んでいきたい。非婚だからという理由で私一人が船から降りることになったり、私の話を聞かないなら全員降りろなんて言うのは嫌だ。互いのそばでじっと、だけど互いを変えようとしない程度にぶつからない距離を置いて見守りながらリズムを合わせていきたい。私たちはそもそも違っている。そのことが私たちを特別な存在にしてくれたではないか。そんな関係をあきらめたくはない。私の非婚ライフを尊重してくれてありがとうとは言わないし、私も母の既婚ライフを尊重する。だから、私たちは今までと変わらず一緒に進んでいけるはずだよ。ね、お母さん。

非婚者の結婚式

先週末、ヨンウンの結婚式に行ってきた。江陵《カンヌン》であったのだが、結婚式をだしに江陵旅行を楽しむことにした。友人の結婚式で江陵に行くと聞いた知人たちは「自分は非婚なのに、人の結婚式のために地方まで行くなんてご苦労なことだ」と言った。そういえば、そんな質問をたくさん受けてきた気がする。

一　非婚主義者は友人の結婚式に行くんですか？
二　普通、ご祝儀だけ渡して、結婚式には行かないですよね？
三　出したご祝儀は戻ってこないのに……もったいなくないですか？

とりあえず、私の基準で回答させてもらうと、

― 非婚主義者は友人の結婚式に行くんですか？

行きます。友人が飲み屋をはじめたらお祝いに駆けつけるし、病気になったらお見舞いにも行くし、本を出したら出版記念会にも行く。行かない理由はない。私ほど書くことや本に興味のない友人だって私が本を出せばブックトークに来てくれるのに、大好きな友人が自分の人生の重大事だと考えているイベントがあれば行くのが当然だ。開業祝いの花輪も贈るし、就職祝いの食事もごちそうする。それと同じで結婚式にも行く。ただ、結婚している人たちによくあるように、ちょっと顔見知りだからというだけで義務感のためにあらゆる結婚式に顔を出したりはしない。

人が結婚式に出席する理由は大きく分けて三つあると思う。一つ目は本当にうれしくて一緒にお祝いするために、二つ目は出席するのが礼儀だとみなされる関係であったり、微妙な関係だが自分も結婚の予定があるから互いを祝福するのは助け合いみたいなものだと考えて、三つ目はすでに結婚していてもらったご祝儀の返礼だと考えて、ではないだろうか。私は主に一つ目のケースに該当するときだけ出席する。だから、出したご祝儀が返ってこようが返ってこまいが、もったいないとは思わない。私が結婚のご祝儀を渡した友人は、すでにその何倍ものお酒を私におごってくれているから、たかだが数万ウォン、数十万ウォンぐらいどうでもいいことだし、そもそも私が出したお金のほうが多いか、友人がおごってくれたお金のほうが多いかもはっきりしない。

二　普通、ご祝儀だけ渡して、結婚式には行かないですよね？

この質問のベースには、私にとって結婚式という場は苦痛なのではないかと心配する気持ちがあるようだが、まったくそんなことはなくて、だから出席している。久しぶりにかつての仕事仲間に会うのが好きな「正真正銘のＥＮＦＰ〔性格診断テストのタイプの一つ。社交的で明るく楽観的〕」だからでもある。結婚する気はあるのか、結婚の予定はあるのかという質問には、気になって当然のことだから親切に答えてあげる。ときどき、本当に失礼な言い方で結婚しないのか攻撃をしてくる場合は、モデル出身の芸能人、キム・セロムさんが番組の中で「古朝鮮じゃないんだから〜」と言っていたときの表情で「いやいや、そんな質問をするなんて。あー、ダサい」と言ってうまく収める。そして、ご祝儀まで出したんだから、食事をきれいに平らげてくるのは言うまでもない。

三　出したご祝儀は戻ってこないのに……もったいなくないですか？

一で答えたとおり、私が結婚式に参列する友人はすでに十分すぎるほどお酒をおごってくれているから全然もったいないとは思わないが、それ以前に、「あんたと私のどっちがたくさんおごったか」とそろばんを弾いたりしなくても、もったいないとはまったく思わない。結婚準備をしている友人を見ていると、短期間のうちにこれでもかとストレスを受け、大変なことも多い。たとえ自分が選んだ道であっても、その過程がずっとハッピーだとは限らないということは、夢見ていた仕事の世界に入った人なら誰もが知っている。そんな友人を応援するためにお酒もごはんもおごってあげたいけれど、時間も精神的余裕もない相手のことを考え、デジタルギフト券を送るような気持ちでご祝儀を出しているので、やはり惜しいとは思わない。実際、出した分だけご祝儀を回収できないとしてもそれをもったいないと思うなら、果たして本当の友人なのかどうか疑問だ。

とにかく、結婚したがっていたヨンウンが一緒に結婚生活を送りたいと思う人と式を挙げるというので、わくわくしながら江陵に駆けつけた。ヨンウンとは九年前にオンライン上の運動クラブで出会ったのだが、もはやそのメンバーの中で非婚者は私とフィヨンだけだ。ヨンウンが「ソウルではなく江陵で結婚式をすることになったんだけど、遠いから来てもらうのが申し訳なくて」と言ったとき、すでに私たちは彼女の結婚式を口実に旅行の計画を立てていた。

江陵まで行けないメンバーから預かったご祝儀をかばんに入れ、ヨガを終えたフィヨンをピックアップし、夜道を抜けて江陵の宿に向かった。フィヨンは会社勤めをしながらヨガの講師をしている。注意力散漫で瞑想やヨガはおろか、ジョギングもできない私はフィヨンが本当に格好よく見え、うらやましくて仕方ない。ネパールでヨガにはまったフィヨンが仕事の合間を縫ってヨガ講師の資格を取ると言ったとき、ああ、そうなんだと思って聞いていたが、いざ、クラスを終えたフィヨンがヨガマットを脇に抱えてビルから出てきて私の車の助手席に座るのを見ていると、我が子みたいに誇らしかった。他人の子はあっという間に大きくなると言うけれど、フィヨンがヨガの講師になってもう何年にもなるなんて！

車で江陵に向かう間、フィヨンの会社の話を聞いた。いい先輩にいいポジション、何よりも会社に通いながら夜はヨガを教えることができるという意味で、いい会社だと思えた。そんな中、フィヨンが変なことを言い出した。

「だけど、慶弔費を差し引かれるんです。結婚とか子供の一歳の誕生祝いの名目で、しかも毎月！」

「会社がそんなことを？」

「ええ。ちょっとひどいと思いませんか。誰もが結婚して子供を産むわけでもないのに」

よく聞いてみると、各自個別にご祝儀を渡すのとは別に給料から差し引かれる慶弔費があるという。そして結婚し、子供の一歳の誕生祝いをすることになれば会社から受け取る仕組みで、一種の頼母子講みたいなものだ。問題は、頼母子講は全員に利益を得る機会が回ってくるが、結婚と出産は全員するものではないことだ。

「それで腹が立って、誰でもいいから結婚してやる。お金がもったいない！って思ったこともあったんだから」

まだ結婚するかどうか決めていない非婚者に、会社が慶弔費などと言ってお金を差し引くのは事実上の「ピンハネ」だ。しかも、子供の誕生祝いの分まで差し引くなんて、とんでもない。いくら社会が結婚と出産を当然視しているとしても、これは本当に羊の牧場並みだ。さあ、考えたりなんかしないで、さっさと入って。わーっと入って相手を見つけるのよ！

そのフィヨンは今、エスカレーターの上にいる。結婚したがる恋人、二人の結婚を望む恋人の両親、そして、当然のごとく慶弔費を給料から差し引く会社。会社生活から遠ざかり、作家として生きている私は、世の中がどれだけ結婚をデフォルトと考えているかをしばし忘れていた。確かに、フィヨンのような状況に置かれていたら、「結婚というものをなぜしなければならないのか」と悩むこと自体、クーデターのように思われるだろう。この反動分子！　エスカレーターを逆走する奴め！　お前のせいでエスカレーターに乗った人たちが戸惑っているのが見えないのか。さっさと翻って流れに身を任せるんだ！

その日の夜、私たちは長いこと話をした。フィヨンは結婚はしたくないけれど、しなければならないのなら今つき合っている彼としたいと言った。フィヨンの彼も同じ考えだといいなと思う。結婚したいけど相手が望んでいないなら、恋愛に留めておくほうがいいと思ってくれたら。結婚を望む人と望まない人がいると、後者が前者を苦しめることになってしまうのはなぜだろう。相手と今この瞬間に集中する恋愛そのものに高得点を与えることはできないのだろうか。今すぐ結論を出さずに少し時間を置き、ゼロベースですべての可能性を開いて考えたいというフィヨンの気持ちを応援する。でも友人として、周囲の人々がフィヨンと異なる考えを持っていることが残念でならない。当事者である二人が同じように悩み、心置きなく選択できる自由、それも幸せな結婚の重要な条件であるはずだ。

翌朝、ぐずぐずとベッドにへばりついていた私とは違い、フィヨンは起きてすぐに朝ヨガをはじめた。寝転がってその様子を見届けた後、慌てて準備をして結婚式場に向かった。ヨンウンの結婚式は司会を立てずに、新郎新婦が自ら進行した。自分たちで書いた結婚誓約書にヨンウンの個性が溶け込んでいてとてもよかった。結婚式が終わった後、その日到着した運動クラブのメンバーのイェスルとその夫、そして娘と一緒に注文津《チュムンジン》で海を見ながらコーヒーを飲んだ。そして、江陵っ子のイェスルに紹介してもらった店でズワイガニを買って蒸してもらい、フィヨンと宿に戻った。スパークリングワインを飲み干し、ズワイガニを平らげてワインを買いに出たのだが、酔った勢いで浜辺に行き、撮った記憶もない心霊写真みたいなのを何枚も撮った。

それぞれが選択した幸せに満ちあふれた週末だった。来年、再来年の春に私たちがどうしているかは知りようもないけれど、自分で選んだ週末を過ごしていたらいいなと、そう思った。

非婚で生きるにはしっかり稼がないと

「女は結婚しないとダメだよ」
「大伯母さんは結婚しなかったじゃない」
「私はお金があるからよ」

映画『ストーリー・オブ・マイライフ　わたしの若草物語』（二〇二〇）で、結婚に疑問を抱いているジョーは一人暮らしの大伯母に聞く。大伯母役のメリル・ストリープが特有のシャープな口元から「私はお金があるからよ」という言葉を発したとき、映画館でその場面を見ていた私と友人は、一瞬顔を見合わせて胸をぎゅっとつかんだ。うつ、私たちは大伯母さんみたい大金持ちじゃない。

非婚で生きるにはお金がなければならない。一見正しいことのように思えるが、見方を変えるとお金がないなら非婚で生きてはいけないというようにも聞こえる。私も、非婚主義者だと言うと財テクはやっているのか、老後の計画はどうなっているのかと聞かれる。それは本気で私からアドバイスを得ようとしているのか、「非婚だなんて、老後の計画を立てたうえで言ってるんでしょうね？」という忠告なのか、ときどき判断に迷う。

人が幸せに生きていくには、当然ある程度のお金が必要だ。厳しい現実の中で少しずつ預貯金を切り崩し、居住形態も変えながら不測の事態に備えなければならない。価値観によって度合は異なるだろうが、持っているお金をある程度残した状態で財産を増やすことを念頭に置き、将来に備えるべきだという大きな前提にはほとんどの人が同意するだろう。しかし、「非婚なら」お金がたくさん必要だという言葉の裏にあるものが私の心をざわつかせる。

人は結婚について話すとき、結婚＝ハッピーエンディングという考えが誰にも当てはまると決めつけている。生涯、互いに対して責任を負う二人の意志は一瞬たりとも消えることはなく、生涯、一定の報酬を得られる仕事が保障され、生涯、別れることなく同じ日の同じ時間に二人が死を迎えるかのように。結婚という敷居をまたげば、生涯私を経済的にサポートしてくれる人が得られ、自然と老後の心配が消えるかのように。たとえ問題が起きたとしても、その都度きちんと対応しながら生きていけばいいのだと互いを慰めつつ、他人の結婚を前に同じ幻想を語る。

でも、周囲の既婚者を見ていると、結婚は決してすべての安定を保障してはくれない。自分が責任を負うべき家族の人数が突然増えることもあるし、夫婦関係が破綻して安泰だと思っていた長期的なマネープランが崩れることだってある。結婚によって作られた家族の生活は基本的に、一人分のそれよりも必要な金銭的規模が大きい。

友人のBは四年つき合った恋人と結婚してから、結婚生活にかかる費用というものがどれだけ大きいかを実感している。結婚というイベントにかかるお金だけでなく、夫婦になったことで追加される社会的活動が増えていき、子供を持つことで住居にかかる費用もかさみ、きっとこの先ずっとその規模は大きくなっていくだろう。マネープランは既婚者にとっても大事なのだ。あの人が仕事ができなくなったらどうしよう。私が仕事ができなくなることだってあるだろうし、いや二人ともそうなったら？　家庭を持つということは人生のサポーターができるということだが、逆に言えば私が自分の面倒を見るのも精いっぱいなときにほかの人までサポートしなければならない状況に陥ることもあるということだ。

「女が非婚で生きるには経済観念がなくてはならない」という言葉からは、「非婚」を削除するのが妥当だ。もし、この文章には非婚という言葉が何が何でも必要だと主張するなら、既婚女性は経済観念がなくてもいいということになる。成人女性が誰かと結婚したからといって人生に必要な金銭感覚と家庭経済を運営する努力をパートナーにすべて任せてしまっていいはずがない。既婚女性の中でそんなふうに生きている人はほとんどいないし、そんなふうに生きてもいけない。

別の観点から見れば、それは非婚に対する恐怖心を植えつける言葉でもある。非婚か結婚かと悩む年ごろの人たちの中に、老後の準備ができている人がどれだけいるだろうか。既婚者の中には？　私たちはそれぞれの人生において自分のやるべきことをやりながら目の前の一日一日を生きるのに精いっぱいで、その時間の一部を割いて将来の準備をしながら生きているだけだ。非婚者にはマンション最上階の持ち家があって数億ウォンの現金でもなければ安定した暮らしはできないようなことを言うけれど、それとは比較にならないほど少ない収入しかないのに結婚した夫婦には、「二人で力を合わせれば何とかなる」と言う。

非婚者に対して慎重になりなさいと口が酸っぱくなるほど言うのと同じぐらい、結婚についてももっと語り合う必要があると思う。結婚はどんな責任を伴うのか、その責任を負うために自分は今、どれだけ準備ができていてどれだけ覚悟ができているのか、結婚していてもその形態はいくらでも変わる可能性があるということを念頭に置き、一人の個人として自分に責任を負い、思いがけない状況の変化に備えなければならないということも合わせて考えるべきだ。非婚者の大部分は中年になるとあらゆる人間関係を失って孤独死するものと決めつけて誰でもいいから結婚しろといくら言ったところで、そんな不安を抱いて結婚した既婚者も、その言葉に不安を抱いて生きていく非婚者も幸せにはなれない。

私は不安だ。明日自分に何が起こるか、わからないのは私も同じだ。でも、配偶者の存在がその不安を払拭できないこともよく知っている。だから私は、その不安を抱いて仕事をし、通帳の残高を確認し、自分を労わり、体を鍛え、私と似た人たちにせっせと会っている。だけど、決してそれは私が非婚主義者だからではない。自分の人生に責任を持つ義務のある大人だからであって、結婚生活をしていても大きく変わらないであろう心構えで毎日を生きている。

私たちがすべきことは「だから結婚しよう!」と主張するのではなく、「格好よく」生きなければ非婚の資格はないかのように考えるのでもなく、結婚しない人も離婚した人も福祉や権益から疎外されずに生きていける社会を共に作っていくことではないだろうか。結婚によって一つになった家族ではないという理由でケアの対象から外れてしまわないように、家庭を切り盛りする専業主婦が社会に出たときにキャリア断絶という理由で差別されないように、先に配偶者を亡くした老人が孤独死しないように。人生が永遠ではない以上、一人の平穏な生活が保障されないのなら、結婚が与えてくれる安定感もまた危ういものであり、それを共に改善していこうとする努力に非婚も既婚も関係ない。

だからみんな、金の亡者にならない範囲で一生懸命お金を稼ごう。未来のために貯金もして、バーンアウトする前に旅行もするのだ。助手席に誰かがいてもいなくても。

私のお葬式で棺を担いでくれますか

父方の祖母が亡くなった。

祖母の具合がよくないという連絡を受けたとき、私は済州島《チェジュド》にいて次の予定は全羅《チョルラ》南道《ナムド》の求礼《クレ》だった。すぐにソウルに帰ろうかと聞くと、父は帰ってこなくていいと言った。今日か明日かというわけでもなく、コロナのせいでどうせ面会もできないから予定どおり仕事をしてきなさいと。だから、電話を切った後、飛行機に乗って求礼に向かった。

翌朝、母から電話がかかってきた。重大な話でなければ、そんな時間に電話をかけてくるはずがない。家族は私が寝る時間も起きる時間も遅いことを知っていて、連絡すべきことがあっても起こしては悪いからと一一時までは電話をかけてこないのが普通だ。電話の発信者が母であるのを確認するとすぐにスマホを耳と肩の間に挟み、「もしもし」

と言いながら荷物をまとめはじめた。祖母は明日まで持たないかもしれないと母は言った。慌ててバスターミナルへと向かい、ソウル行きのバスに乗った。父は服を着替えてから来るようにと言ったが、どうにも悪い予感がして家に寄り、荷物を車のトランクに積むと急いで病院に向かった。

父の顔を見るとすぐに抱き寄せた。平気なふりをして「ああ、来たか」と言っていた父は、私が抱き寄せて背中をなでると、大きなため息をついた。そのため息にはちょっぴり涙が混じっているようだった。少し前まで目が開いていたという祖母は意識がなかった。私が手を握ると握り返したような気がしたが、反射的なものなのか本当に握り返したのかわからない。祖母が息を引き取ったとき、父は何も言わなかった。母は父よりも大きな声を上げて泣きながら祖母に何か声をかけてあげたらと言ったけれど、父は黙って祖母の手を握っているだけだった。そのうち口を開いたかと思うと、「すまない」とひとこと言った。母親を看取った息子がすまないと言うのはどういう心情なのだろう。大声で泣くことも、言葉をたくさんかけてあげることもできない父の姿に胸が痛んだ。

末っ子の叔父や愛情をたっぷり受けて育った叔母とは違い、長男である父はいつも義務を背負っているようだった。その義務には母も動員され、時にはそんな重い荷物を背負わせた祖母が憎かった。母は祖母に向かってありがとうと言いながらわんわん泣いた。

親孝行をしてもすまないという言葉ばかりくり返す父と、婚家での暮らしに苦労してもありがとうと言いながら泣く母。孫である私には到底想像できない祖母との深い歴史があるのだろう。そんな二人の気持ちを思うと胸が締めつけられそうだった。私も祖母の手を握って最後の挨拶をした。幼いころ、祖母の家に遊びにいくと寝る前に顔を洗ってくれたものだが、あのとき、顔に触れた祖母の手の感覚は今でも鮮やかだ。父の手と似ていて好きだった祖母の分厚い手を握って声をかけた。臨終に立ち会えたことにほっとしながらも、最期に言葉を交わせなかったことは今思い出しても悲しい。

医師が来て死亡宣告をし、祖母が霊安室に移されると、解決しなければならない現実的な問題が迫ってきた。家族を亡くした直後は、どんなときよりもやるべきことが次々と襲ってくるということを祖母の死を通してはじめて知った。

まず、葬儀会場を手配しなければならない。そのときからお葬式が終わるまでずっとお金との闘いが続いた。葬儀会場は今、何番の部屋が空いているのか、部屋ごとに値段はどれだけ違うのか。今すぐ使える病院内の葬儀会場はいちばん広い部屋しか空きがなく、私たちは翌朝早く空くという小さな部屋を選んだ。コロナ禍でどうせ参列者も大勢は来られないので、大きな部屋である理由もなかった。それでも、ほかの病院の葬儀会場に移動せずに済んだだけでもありがたかった。私たちは、部屋を決めてから葬儀会場の事務所に向かった。

私は両親の側《そば》に座り、お葬式の契約全般にかかわることになった。加入している互助会があるかを確認し、加入していると省略される項目は飛ばしていった。とはいえ、祭祀のお膳はどう並べるのか、祭祀の回数、花の飾り方など一つひとつ選択しなければならない。結婚式のときに数多くのオプションを選択するのも相当疲れるけれど、病気の家族を抱えて半ば徹夜するように過ごし、ついに家族を失った人たちがそれを一つひとつ決めるのを側で見ているのもつらかった。故人にしてあげられなかったことが潮のように押し寄せ、やっとの思いで悲しみに耐えている人たちに最後のお別れの準備をさせ、見積もりをしなければならない仕事というのは、ある意味すごい商売だと思った。大人の世界に一歩足を踏み入れた気分だった。悲しかった。

数多くのオプションの中で、悲しみに暮れるあまり無駄に高いものを選んでしまわないよう、子供よりも悲しみが浅い孫の立場で冷静に意見を言いながら一緒にいくつか選んだ。葬儀会場の設営担当者が出ていくと、今度は食事の担当者が入ってきた。その次は互助会の職員がやってきた。弔問客用のおかずの種類まで全部決めると、葬儀注文書の作成が終わった。祖母を安置するとき、体を拭くのに使われる薬品代まで請求されると知って複雑な気持ちになった。悲しみは高価だった。手続きが終わると、クッパ一杯で遅い夕食を済ませて家に帰った。

翌朝、葬儀会場に来た。互助会の職員が遺族のためのレンタル喪服を用意してあったが、私は自前の黒のスーツを着てきたのでその喪服は借りなかった。レンタル品と一緒に、慌てて黒の靴下を準備できなかった遺族のために靴下も売られていて、個別包装されている一〇足のうち二足しか履いていなくても一〇足分の代金を支払わなければならないと言われて抗議した。一〇足入りの包装を解いたのなら別だが、個別包装されたものを一〇足ゴムでまとめてあるだけなのに、どうして一〇足分を支払わなければならないのかと聞くと、そういうシステムなのだという答えが返ってきた。すでに疲れ切っていた叔母は、それなら一〇足分払いますと言って静かに職員を帰そうとしたけれど、私はどうしても納得できず、それは払えないときっぱり言った。それなら二足分だけ払うようにと職員はいら立たしげに言った。そのときからお葬式が終わるまで、悲しみに暮れる人たちを相手に不合理な商売をする人たちとの間で神経を尖らせることが続いた。母と父はそんなことに応じるには疲れすぎているだろうし、何より還暦を過ぎた両親の保護者は私だと思ったので、そんな状況に直面するたびにいちいちかかずらった。誰かが喪主を捜していたら、手を挙げて走っていった。寝不足の父があえてする必要のない些細なことを代わりに決め、交通整理をした。

「喪主の方、ここにサインしてください」と言うので駆け寄ってサインをすると、男の人はいないのかと聞かれた。私は自分が喪主も同然だと思ってサインした。父には娘が二人いるが、姉は二人の子供の面倒を見ていたし、コロナのせいでずっと葬儀会場にはいられなかった。だったら、非婚の末っ子がこの葬儀の喪主であってもおかしくないというのが私の考えで、父も私のしたことは正しいと思うはずだ。なのに、誰が見ても三〇代半ばを過ぎた大人の私が、葬儀会場では頼りにならない女の子扱いされてしまったのだ。幸いなことに、フリーランスとして仕事をしながら、複数の利害が衝突する場で女性は頼りないと思われたときはどう対処すべきかを学んでいた。説得しようとせず、とにかくやってしまうのだ。

祭祀がはじまり、私は父の後ろに立った。祭祀の際に身に着ける男性用の腕章と女性用の白のヘアピンが配られた。私の短い髪にはピンを差すところがなく、スーツを着ていたので腕章をはめてもいいかと聞いたけれど、受け入れられなかった。祭祀の最中に騒ぎを起こしたくなかったので、ヘアピンを受け取ってジャケットの襟につけた。お葬式は誰もがしょっちゅう経験することではなく、慣れている人がいないからか、葬儀社の人が一つひとつ案内しながら進められた。お辞儀をするとき、男は右手を上にし、女は左手を上にして重ねなければならない。悲しみの最中にわざわざ男だ、女だと分けているのが情けなく感じられた。そのひねくれた気持ちを込め、あえて右手を上にしてお辞儀をする私の気弱な反抗も少し情けなく感じられた。

二日間ほとんど寝ていない父の代わりに祖母の側で夜を明かした。私は祭祀を含むすべての儒教的慣習に疑問を持っているが、父が正しいと思うやり方で一緒に祖母を送ってあげたかった。ただ、儒教的なやり方に合わせ、女性という理由で私という存在が消されてしまうのが嫌だったから、父がいいと思う範囲で、これは私に与えられたものだと信じる役割を果たすことで私なりの追悼をすることにした。きっと祖母もそれを望んでいたはずだ。葬儀会場では久しぶりに会う親戚もいて、そのたびに私は結婚するつもりはないことを正直に話した。私の目につかないところで父と母も私の結婚について何度も聞かれたに違いないが、いつのころからかそうするようになっていたように、末娘は非婚主義だとはっきりと答えたことだろう。

父が、後で火葬場に棺を運ぶときに男手が必要だが、人は足りているかと聞いてきた。私は、体を鍛えているから私がやると返事した。お父さんの子だから私がいちばん前で担ぐと言うと、父はそうしろと答えた。私には同い年の従兄弟がいて、彼の友人も一緒に担いでくれることになった。子供のころ、孫娘である私は従兄弟といろいろと差別された。成長するにつれてその度合は薄まっていったものの、祖母のあの世への旅立ちの場だけは自分の役目を譲りたくなかった。父や従兄弟をはじめ、誰もそれに難色を示すことはなく、私は祖母の葬列を先導することのできる筋力に感謝しながら棺を担いだ。

棺を担ぐと言う女性を見たことがない葬儀会社の人は、本当に担ぐつもりなのかと聞いてきた。そうだと答えると、だったらいちばん前ではなく真ん中で担いだらどうかと言われた。一七四センチの私は一緒に棺を担ぐことになったほかの男性に比べて小さくもなく、担げないほど力がないわけでもない。力には自信があるからここで大丈夫だと返した。実際担いでみると、筋トレをしている人なら性別に関係なくできることだった。葬儀会社の人はもう一度説得しようとしたが、私の表情を見るとあきらめて戻っていった。火葬場に着くと、多くの遺族が順番を待っていた。一〇組ほどいたが、棺を担いでいる女性は私だけだった。ある集団に女性が一人しかいないのを目にすると、それがおかしなことのように言う人がいるものだが、「先週、火葬場に行ったんだけど、最近は女性も棺を担ぐみたいだね」と心に留めて認識が変わる人もいるかもしれない。祖母はきっと私のことを誇らしく思っただろう。最も私らしい服装と態度で祖母に最後のお別れができてよかった。

お葬式を終え、両親と私はそれぞれが望むお葬式について話し合った。父は自分の人生を整理して伝える場にしたいと言い、父が大事にしているＵＳＢの中の音楽をかけてほしいとも言った。自習室で居眠りしながら浪人生活を送った話や母に一目ぼれしたときに履いていた赤い運動靴の話も聞かせてくれた。母はほかのことはともかく、私が伝統的な白の喪服ではなくワンピースを着てくれたらと言った。母は自分が望むお葬式について話しながら、目上の人たちが反対したら困るねとも言った。

「お母さん、お母さんが死んだら、家族の中で目上の人は誰になる？　私じゃないの。反対する人がいたって関係ない。私がお葬式を主導するんだから」

「そうかい？」

母は、そんなことをしてもいいのだろうかという表情と、どこか頼もしそうな表情の間ぐらいの目で私を見つめた。

母と父には宗親会で作ったお墓があると聞いている。でも私は、二人をそこに祀りたくないと言った。母と父が死んでしまったらお酒に酔うたびに二人に会いたくなるだろうから、そんなとき、焼酎を一本買っていって二次会ができる距離にあったらうれしいなと。母と父が宗親会の決まりどおりお墓の資金を出すのは構わないけれど、遠く離れていると寂しいから別の場所に祀ることもあるという意味だと伝えた。そう考えただけで悲しくてたまらないという娘の気持ちを察したのか、父も笑って軽く聞き流した。私はそれを自分勝手に解釈し、両親も多少は同意したと受け止めた。何が何でも二人の近くにいられる方法を探すつもりだ。

両親が健康に生き、思い残すことなくこの世を去ることになったとき、私は何と言うだろうか。母が祖母にそうしたように、耳元でありがとうと言うだろうか。父のようにすまないと言うだろうか。きっと「心配しないで。私は二人が私のお母さん、お父さんで本当によかった」と言うだろう。多くの家族がそうであるように、私たちも愛し合い、傷つけ合いながら生きている。だけど、いつか互いの元を離れるときが来るのなら、その過程で後悔は何一つしないようにしようと伝えたかった。私たちが、日々の営みにおいて無理のない範囲でいい時間を共に過ごしたことを忘れないでおこうと。子供のころ、父は私に、私の友人になることが自分の夢だと言ったことがある。母はしょっちゅう冗談めかして「ミンジはお母さんが好きじゃないんだね?」と聞く。だから、お父さんみたいな友人がいてよかった、お母さん、大好きだよという言葉も忘れずに言わなきゃ。そして、二人のいちばん近い家族である私と姉の意見に従って母らしい、父らしいお葬式を準備しよう。娘だからといって後ろに追いやられることなく、死の前に序列をつけないやり方で。

同時に、私が死んだらどうすべきかも考えた。死んでしまえば自分のお葬式がどうなろうが別に構わないけれど、少なくとも私を大好きでいてくれた人たちがそれぞれの日常に戻れるよう、十分に悲しめる場所を確保するにはどうしたらいいだろうか。二〇二一年六月現在、現行憲法上、葬儀を行う権利は法律上の家族に限られている。私には大事な姉とその家族がいるから無縁物故者になったりはしないだろうけれど、私のお葬式で、大好きな姉と家族の次に位置するのは誰だろうか。生前、私を支えてくれた人たちが十分に悲しむ権利はどこまで保障されるのだろうか。

残される人たちのことを思うなら、血のつながった家族ではない人たちが十分に悲しむ権利についてもきちんと考えるべきだと思う。一生を共にした同居人や現行憲法上、婚姻届の受理が認められていない夫婦が大きな悲しみの前で後ろに追いやられることのないようにしていかなければならない。お葬式の話になると、「やっぱり旦那がいないと」と言うのではなく、「死んだ人にとって大事な人たちを疎外してはならない」と主張すべきだ。疎外に対する恐怖からもしものときのために結婚したり我慢したりすることなく、自身の尊厳ある選択に従って精いっぱい生きた人に対する当然の礼儀として。

私の一部ともいえる近しい人たちがこの世を去るときは前に出て見送りたい。そして、私の大切な人たちも、私のお葬式で差別されることなく堂々と前に立てることを願う。

そんな日を現実のものにするために、あなたも一緒に考えてくれるとうれしい。

非婚ライフ

自分と連れ添って
生きる

大田で生まれた色黒の子

私は一九八五年に大田《テジョン》の辺洞《ピョンドン》で生まれた。出産予定日より早かったので、私が生まれたときに父は母の側《そば》にいなかった。会食の席で知らせを受け、ほろ酔い状態で病院に駆けつけたそうだ。

姉の名前は「ミンア」だ。両親は次は男の子が生まれてくると思って「ミンジェ」という名前を用意してあったが、生まれてみると女の子だったので単純に「ミンジ」と名づけられた。それだけじゃない。年子の次女は一歳の誕生祝いも育児日記もなく新しい服も買ってもらえないものだが、幸いその寂しさを冗談にして笑い飛ばせるぐらいたっぷり愛情を受けて育った。

よく言えば繊細で、悪く言えば神経質なミンアと違って（悔しければお姉ちゃんも本を書けばいい）ミンジはいつも無口な子だったと両親は言う。あまり笑わなかったが、あまり泣きもしなかったそうだ。転んでも泣かず、母親の姿が見えなくても泣かず、一人で子供二人の面倒を見ていて私を見失ったとき、母はパニック状態になったそうだ。そんな母に商店街のおばあさんは、「子供は母親とはぐれたら泣くものだから、じっと耳を澄ませてごらん」と言ったらしいが、私はまったく泣きもせず、知らない店に入って店主のおじさんと遊んでいたとか。靴屋さんで買いたい靴があると、買って買ってと駄々をこねる代わりに座って静かに自分の靴を脱ぎ、ほしい靴を履いたまま足を投げ出して座っているような子だったという。言葉は遅いけれど背は高かったので、もうこんなに大きいのに話せないのかと、当時、親戚の人たちはずいぶん心配したそうだ。どうやら妙に育てにくい子だったらしい。

そんな子供だった私は、しばらくすると、その間にため込んでいた言葉を水門が開かれたダムのように吐き出しはじめた。公園で近所の子たちとけんかになると、のろのろしゃべる子を相手にあまりにもすらすら言い返して反感を買った。大の仲良しだったミヒョンはそのたびに腹を立てて私のほっぺたをつねり、顔に傷ができたのを見たミヒョンのお母さんは、いつもすまなさそうな顔をしておいしいものをいろいろ持ってきてくれた。私が人の何倍も体が弱いのは母のせいだという目上の人たちのお門違いな言葉に、若いころから体の弱い母はずっと自分を責めてきた。私は、自分が記憶している限り、子供のころ体が弱かった。一〇歳のとき、はじめて内視鏡検査を受け、鼻血をよく出して週末には地方の病院に通っていた。貧血だった私のために牛の血を固めたソンジ入りのスープを鍋いっぱい煮ていた母の後ろ姿に、文句を言わずに全部食べなければと思ったことや、ソファーの上で父が具合の悪い私のおでこに自分のおでこを当てて体温を確かめていたときに、ぼんやりと目に映った明け方のほんのり青い空をよく覚えている。体にいいと聞けば何でも食べさせようとする両親のおかげで、同い年ぐらいの子供たちは口にしないような珍しいものを食べによく出かけた。ウズラも食べ、牛の頭も食べ、高麗人参のほかに韓方薬もいろいろ飲んだ。ものすごく手のかかる子だったようだ。

虚弱体質とは不釣り合いな小麦色の肌をしていた私は、子供のころからくろんぼ、くろすけなどとよくからかわれていた。しかし、それよりも絶望的だったのは大人たちの言葉だった。大きくなったら白くなるから心配しなくていいと言うのだ。そうして大人たちは私に肌の色に対する心配を植えつけた。肌が黒くて大変だ、そう思いながら子供時代を過ごした。そのおかげで私は、ほかの家族が甥や姪に向かって言う「大きくなると一段とかわいくなって」とか「ますますかわいくなるね」みたいなことを言わないぞと心に誓う、ちょっと風変わりな叔母になった。家族に自分の外見を評価されていることをあえて認識させる必要はないからだ。

小学校高学年のときに通信教育を受けることになったのだが、教材の最後のほうに悩み相談の手紙を送ると返事をくれるという案内文が載っていて、私はものすごく色黒なんだけれどどうすればいいのかわからないと書いて送ったことがある。五色の色鉛筆で描かれた温かい返事が来たのもよく覚えていて、要約すると、「肌の色を白くすることはできないのはミンジちゃんもよくわかっていると思います。でも、こう考えてみてはどうでしょうか。私の肌は健康的で魅力的だ！」とそんな内容だった。今思えば、手書きの返事をくれるなんて本当にすごいことだ。三七歳の一労働者としては、随分な労働搾取だとも思うが、それが私の杞憂にすぎず、適切な業務量が守られ、十分な人手が確保された状態で、その人たちもサンタクロースみたいなロマンチックなアルバイトを楽しんでいたことを願う。いずれにしてもそのとき私は、自分の肌についてはじめて大人と話をしたわけで、生まれてはじめての人生相談だった。

残念なことに、「健康的で魅力的な肌」は私の日常を圧迫する要素だったので、その先生の温かい気持ちだけ〝ありがたく〟いただいた（実際、ありがたかった。私を慰めようという一通の手紙は本当に温かさにあふれていた）。その手紙から真の慰めを得られなかった理由は、私が小麦色の肌が持つポジティブなイメージにそぐわなかったからだ。私は本当に運動音痴だった。一〇〇メートル走のとき、母はいつもゴールテープのところで拍手しながら私を待っていた。ビリの私が泣かないように。走りが苦手で力も方向感覚もない私は、小麦色の肌を持つ資格もなかった。

転校すると、バスケットボール部と陸上部とバレーボール部の顧問の先生（一人で三つの部を兼任しているようだった）が私のところにやって来てスポーツはどれぐらいできるのかと聞かれた。確かに背が高いとはいえ、長所と言えるのは手足が長いことだけなのに、先生は、色黒なのはよく野外運動をしているからだと思ったようだった。そのことを通して私は新しい事実を知った。かなりの野外運動をしなければ、こんなに色黒にはならないんだなと。ろくに野外運動をしていないことを考えると、私は本当に異常に黒いんだなと。体育の時間にドッジボールのチーム分けをするとき、じゃんけんで勝った子が真っ先に私を選んで喜んでいるのを見て申し訳ない気持ちだった。チームのみんなを失望させるのは目に見えていたからだ。私は見た目と違って運動が苦手なのに。無駄に色黒の少女時代を過ごした。

時代が変わって褐色の肌を持つきれいな人たちが現れた。はじまりは俳優のイ・ボンで、それはK-POPのガールズグループのメンバーであるイ・ヒョリによって確立された。普通の芸能人よりも落ち着いたトーンのメイクとファッションを生かして魅力を発揮する彼女たちを見て「浅黒で美人な人がどれだけ多いことか。ミンジの肌もきれいだよ」と言ってくれる人が現れ、私は色黒の肌に合うファッションを少し学んだ。でも、落とし穴があった。浅黒だからきれいなのではなく、もともときれいな人の肌が浅黒だったのだ（「浅い」と「黒い」という言葉の組み合わせも何だか憎らしい）。イ・ボンとイ・ヒョリの写真を白く補正したファンがいて、それでもやっぱり美人だった。

とにかく、色白ではない美人の標本が一人、二人と現れはじめ、色黒だからとからかうのは格好悪く、流行を知らないダサい行為となり、少しずつ気持ちが楽になっていった。「ああ、色黒の女の人ってものすごくいいよね」と言う人もいた。そういう人たちの一部は、「色白の女の人が好き」と言うことはものすごく非常識だと感じていた。色黒の女性が好きなことを、自分がポリティカルコレクトネスであることを示すのに利用していたのだ。「俺、肉づきのいい女が好きなんだ」、「俺は気の強い女の人が好きだな」、「僕は色黒の女性が好きだよ」……。合格メダルをくれてありがとうと言うべきか。わざわざ他人の肌についてコメントすることで点数を稼ごうとする人がいるということが面白かった。

大人になってメイクをはじめると、私は私の「黒さ」を少し客観的に数値化することができるようになった。いや、数値化したいと思いながら失敗したけれど、それなりの尺度は持っている。一三号、二一号、二三号の三つの色番号が主流の韓国ファンデーション市場には私に合うものがなく、以前は仕方なく二三号を買って使っていた。店員さんが私の肌に合うといって薦めてくれたものを塗ると、完全に白塗りの歌舞伎役者みたいになってしまったことは一度や二度ではない。何だかしっくりこなくて恥ずかしかった私はあるとき、デパートの一階にあるグローバルブランドの化粧品コーナーに行き、試し塗りをしてファンデーションを買った。そして、二三号は私に合わない色だったということを知った。ようやく自分に合うものを見つけた喜びに、韓国には私に合うファンデーションがないという事実認識とそこから来る明確な疎外感が加わった。グローバルブランドの店でも最初は私の肌色よりもワントーンかツートーン明るい色を薦められた。私の肌色に合う色がほしいと言うと店員さんは少し戸惑っているようだった。明るくも暗くもなく、顔の色にぴったり合ったファンデーションを薦めてほしいと言っても、ワントーンほど明るくなるものを提案された。「首や手と同じぐらいのトーンがいいんです。私はそこにこだわりがあるんです」と言うとやっと安心した様子で、顔色に合ったものを選んでくれた。店の人はあくまで、きちんと仕事をしただけだ。それまで見てきた客のパターンに沿って最適なものを薦めたのだろうから。ただ、私はそんなパターンに当てはまる人ではないことを伝えたにもかかわらず、すぐに私の望みを聞き入れてもらえなかったのが少し残念だった。

メイクアップ商品ではなくローションを買いにいくと、かなりの高確率で美白タイプを薦められる。私は突っ張らないローションがいいと伝えたのに美白コーナーに連れていかれ、その中から突っ張らないものを薦められた。私は美白なんて興味ないし、美白化粧品の機能そのものにも懐疑的だけれど、そもそもそんなのは私の肌色にかすんでしまう。テストしながら美白と関係のない商品を見ていても、毎回同じような状況になる。私の動線や希望よりも、白さの足りない肌がつねに強烈なメッセージとなり、人々はそれにためらいなく反応してくる。

以前、ふと目にした黄色いカーディガンが気に入って衝動買いし、それを着て出勤したことがある。誰かが私に「ミンジ、そのカーディガンを着てると余計に肌が黒く見えるよ」と言った。それを買ったときから予想していたことだった。パステルカラー、原色、蛍光カラー……そんな類《たぐ》いの色を着ていると余計に黒く見えると、黒、白、グレー以外なら何色を着ていても必ずそう言われていたからだ。だが、そんなことを言う人たちは、実はその色が問題なのではなく、自分の中にある理想の色の組み合わせがあまりにもはっきりしていて、それ以外は異質だと感じるからだとは思ってもいない。パーソナルカラーだ何だと言って、顔を明るく見せるファッションがパターン化した今ではなおさらだ。誰だったか、パーソナルカラー診断を受けてみたら面白かったと言って私も勧められたのだが、じつは私には必要ない。一生、診断されてきたからだ。「それを着たら黒く見える。それを着ると顔がくすんで見える」と。だから、黄色いカーディガンを着ている私を見た途端に、余計に黒く見えると必ず誰かが言うだろうと思っていた。そんなの知ったことじゃないけどね。

今回も予想どおりだった。何て答えようかと知恵を絞っていると、隣にいた人がそれを聞いて大笑いしはじめた。タイミングを逃した私は答える相手を変えて「そんなに可《お》笑《か》しいですか？」と聞いた。その場が静まり返った。肌が黒い人に黒いと言い、それを聞いて笑っただけであって、まさか「黄色の服を着ているから余計に黒く見える」という言葉を聞いた相手がからかわれたと受け止めるとは思ってもいなかったようだ。「私の肌色が強調される色だから買ったんだけど」と言い返すと、肌の色がどうのこうのと言った人が「そうだよ。私が言いたかったのはそれそれ」とへらへら笑った。うまく切り抜けたな。「でしょう？」と私が答えたために、最初に笑った人だけが悪者になった。私の肌色が強調される服をお金を出して買ってそれを着ているだけなのに、何人もの人を気まずくさせる形になってしまった。肌の色でからかわれないようにすることがこんなに疲れるだなんて。標準の容姿を持っていない人はそれをネタとして提供しなければこんな目に遭うのだろうか。

すると、またその人たちは私の容姿をけなしはじめた。「もちろんよ～、浅黒いのが格好いいんだから。外国じゃあ、金持ちに見せようとわざわざ日焼けするって言うじゃない？　リゾート地にしょっちゅう行ってるって証拠よね。日焼けサロンに行ったりしなくていいんだから、うらやましい限りよ」。はいはい、そう来ましたか。三か月間インターンとして働いて家と会社を地下鉄で往復する毎日なのに、「旅行に行ってきたのね〜」としょっちゅう言われるんですから。それにしても、私の肌のことを話題にしなくてもよくないですか？　そのたびに失言して苦い思いをしてるのに。その原因は私の肌の色について適切なコメントができないからではなく、そもそも何でも評価したがるからですよ。告白しなければ振られることもないし、結婚しなければ離婚することもないわけだから。告白をし、結婚するのはそれにかけてみようと思うほど自分の人生にとって重要なものができたからでしょうけど、私の容姿に何か言わなきゃと思うその強迫観念はどこから来るんでしょうね。私が色黒であることがなぜあなたにとって重大なんですか？　まさかそれが愛情だとでも？

たった一五人ほどの部署の中でいちばん色黒の私をつかまえて、何としてでもそれをたいそう珍しい存在に仕立て上げたいという気持ちはわからなくもない。でも、それを口にするのは自らが持っている権力の行使であることも知っておく必要がある。私たちは、社会がそんな権力はないと信じる集団の一人がそれを行使したとき、どれだけ大きな危険にさらされるかを嫌というほどメディアを通して見てきた。女性の体が何かと品定めされ、何キロ以上は女ではないと言ったり、肥満の女性を恋愛の対象外とみなすのは芸能界でよくあることだ。でも、十数年前にあるテレビ番組で女性が身長一八〇センチ以下の男性をけなす発言をした動画が今も拡散され、話題になることがいかに大きな不平等を物語っているかについては考えない。私の肌色について思いきり評価することが自らの心のものさしを示す結果になるとは思っていないらしい。だが、そのコメントの対象になる日常を生涯経験してきた人は、その心のものさしを恐ろしいほど見抜くのだ。

私を尊重し、権利と尊厳を理解する人を探す最も速い方法は、私の容姿についてコメントしない人を覚えておくことだ。今のところそれはとても効果的で、そうしてフィルターにかけられたのが、三七歳の私のまわりにいてくれる人たちだ。五五キロまで減っていた体重が七八キロになり（それはこの先、増えることも減ることもあるだろうけど）、だんだんお化粧しない日が増え、欠点をカバーしてくれる服を中心にした買い物をやめても自由を感じられることが増え、幸福感と比例する喜びを満喫できるようになったのはそんな人たちのおかげだ。私は自分の容姿を褒めてくれる人よりも、ありのままを受け止めてくれる人が切実に必要で、お互いが持っているものをそのまま受け止めながらいろいろなやり方で愛を表現する、そんな関係が好きだ。一緒にいるときはより自然になれて、その自然な状態の中で愛をさらけ出すことを恐れずにいられる相手に私は深くのめり込んでいき、大きな影響を受ける。

色黒の私をありのまま受け止めてくれる「クロリヨニスト」たちに愛を贈る。一方で、まだ「クロリヨニスト」になれずに軽率なことを口にしているであろう自分を反省しながら慎重に話を締めくくりたいと思う。会話を何としてでも私の浅黒い肌のことからはじめたかったあなたへの憎しみを表現したくてこの文章を書いたのではない。むしろ、色黒の私が一生かけて育ててきた勘によって、私へと向けられたあなたの別の愛情がなかったものになり、肌の色の話だけであなたとの距離が決まってしまうのが怖くてぶちまけたのだ。

数億個の肌の色のうちの一つにすぎない私のそれを話題にしなければ、私たちはもっとわかり合えるはずだ。体重、身長、肌の色、服装などに関する話を省略できれば、私たちは限られた時間を有効に使ってもっともっと親密な話をすることができるだろう。私は、黒い肌の下にそんなロマンを抱えて生きている。

私たちは互いの体を観察しながら成長した

「運動しなきゃ！」とずっと思っていた。いつそう思いはじめたかを覚えていないほどずっと。高校生のとき、運動するぞと言って友人と夜間自主学習の前に運動場を一緒に歩いたこともあるし、大学生のとき、近所にあるフィットネスクラブをのぞいてみたこともあるし、会社勤めをしていたころは会社近くのフィットネスクラブに通っていたこともある。そうしてフリーランスの放送作家になり、不規則なルーティンの中にどうやって運動の時間を組み込むかを真剣に考えるようになった。そんなとき、あるオンラインコミュニティの掲示板で運動認証クラブを発見し、八人の定員で活動をはじめた。それが九年前のことだ。

運動認証の方法は簡単だ。その週の当番がお題を出す。「ジャガイモ」が今週のお題なら、それぞれ今日の運動の証拠写真に何が何でも「ジャガイモ」という文字を入れてグループトークにアップする。手の甲に書いてフィットネスクラブを背景に撮る人もいれば、メモ用紙に書いてホームトレーニングの映像と一緒に写真に撮って送る人もいた。週三回以上運動するのが条件で、その週にいちばん運動量が少なかった人がいちばん多かった人に一〇〇〇ウォン程度のデジタルギフト券を贈るというやり方だ。当番は毎週交替する。

最初は全員がダイエット目的で、すらりとした体になるのが目標だった。それぞれの体重の変化を公開し、食べ物の話もした。すると、もっと健康になるための運動法や年齢に応じて産婦人科の検診を受けること、必要な栄養剤についてと次第に話題が広がり、お互いの生活パターンも少しずつ知っていった。

毎日毎日やっとの思いで運動し、痩せることだけを目標にあくせくする互いの姿を見てきた私たちは、ある意味似たような経験をすることになった。忙しい中、週三回以上運動するのは本当に大変なことだが、私たちがいくら一生懸命運動したところで、いわゆる「美容体重」に近づくのはとても難しいということに気づいたのだ。難しいというよりも少し不当に思えた。これほど真面目に運動している女性たちが、いまだに社会が基準とする体形になれないなんて。「自己管理」の神話は運動のために集まったこの八人の中でもろくも崩れ、健康的な方法へと変化していった。

当初、すらりとした体形を作ることに熱中していた私たちは、互いを励まし、監視しながら運動する過程で体についての真実に直面しはじめた。このクラブに入って一〇年目の私は、五五キロだった体重が七八キロになった。フィットネスバイク、ピラティス、ヨガ、ポールダンス、クロスフィット……。いろいろやってみた。ほかの七人が遊牧民のようにあれこれと運動する姿も見守ってきた。

運動認証をするというのは互いの毎日を知ることだった。会社員だったフィヨンはネパールでインターンをすることになり、いつからかヒマラヤを背景にヨガをする認証写真をアップしはじめた。フィヨンは後に、この経験を基にして会社勤めをしながらヨガのインストラクターの資格を取り、私はフィヨンのワンデークラスを受けたこともある。チョンウンさんは、私たちの中で最もバラエティー豊かな運動をしてきた人で、乗馬、テニス、クロスフィットの経験がある。医者だからか体について絶えず勉強し、その日学んだことのうち私たちにも役に立ちそうな情報があればいつも共有してくれた。私は一度、クロスフィットをしているチョンウンさんが格好よく見えて、筋力もないくせに体験レッスンを受けたのだが、過度なバーピー〔筋トレの一種〕をしてあばら骨の間にある肋間筋を痛め、しばらくの間、腹ばいでテレビを観ることができなかった。その経験を通して、私たちはそれぞれ体が違っていて、万人にとって正解の運動なんてないことを学んだ。
唯一同い年のヨンウンはテニスをしている。テニスの魅力にはまったヨンウンは一時、チキンを食べにいってもテニスの話をしていた。体力と同じぐらい精神力も強靭なのか、ホームトレーニングをするイェスルのインナーテラスはケトルベルでいっぱいだ。ウンギョンさんは私より先にポールダンスをしていた人で、後になって合わずにやめてしまったけれど、おかげで私はポールダンス用のパンツを一着譲ってもらった。ミニョンさんはバレエを習っている。子供からお年寄りまでいるクラスで、若者と年配者の両方の役割を任されているそうだ。ジョンヨンさんはこのクラブを作った人で、お母さんがいつも家でフィットネスバイクを漕いで健康を維持しているのを見て、ずっとフィットネスバイクを続けている。私が九年前から空腹時にフィットネスバイクに乗っているのはジョンヨンさんの薦めのおかげだ。

メンバーの年齢はさまざまで、一九七九年生まれから九一年生まれまでいる。私が二〇代の駆け出しの放送作家だったときに出会った彼女たちは、三〇代後半に突入していく私の生活をくわしく知っていて、この間にメンバーの人生にも変化があった。ミニョンさんは夫と一緒にフランスにしばらく移住し、かわいい息子と三人で戻ってきた。ときどき恋愛相談を受けていたジョンヨンさんは、その相手と結婚して娘がいる。チョンウンさんとは、待望の子供を出産した喜びと愛犬ミルクを失った悲しみを共にし、ヨンウンとは職場生活の悩みを聞きながら夜を明かしたこともあった。ヨガマニアの大学生だったフィヨンが副業としてヨガインストラクターになるまでの過程と結婚を前にした深刻な悩み、イェスルが出産後、休職と復職をしなければならなかったときに直面したさまざまな問題を私たちはみんなで見守ってきた。私のキャリア、恋愛、趣味生活も見守ってくれた。まったく運動していなかったころ、比較的軽い有酸素運動をしただけであっぷあっぷしていた時期を経てポールダンスをはじめたとき、どれだけうれしくてどれだけ大変だったか、その日々を『私は悲しいとき、ポールダンスを踊る』(アマルフェ、二〇二〇、未邦訳)としてまとめて出版するまでの道のりも共にした。

それだけではない。私の本の表紙、ヨンウンのウエディング写真、フィヨンのヨガプロフィール、ミニョンさんがその日に飲むお茶やジョンヨンさんが買う家電を一緒に悩みながら選んだりまとめたりもした。ウンギョンさんに会いに相乗りして遠くまでドライブもしたし、イェスルの引っ越し先で新居祝いもし、みんなで行った釜山《プサン》旅行では彼女たちお薦めのパン屋巡りをして思いきり食べ、夜にはワインを飲み、フィヨンの指導で酩酊ヨガをした。フランスにいたミニョンさんのアバターみたいに彼女が行きたがっていたおいしい店に代わりに行き、彼女が行ってきたという美術館の写真を見ながら一日を耐えたこともあった。

最初は匿名だったのがニックネームに変わり、それぞれの素性を知り、今はときどき会ってハグしたり、互いの子供を抱っこしてあげる関係になった。時には一緒に暮らしている人よりも互いの悩みをよく知っていて、それどころか本人よりも悩みのパターンにくわしい。ダイエットに熱中していた若いころを過ぎ、私たちは今、関節と精神的健康を守るための筋力について話すようになった。五〇キロ台を目標とし、一時それを達成した私は、私にとって最も理想的な体重は七〇キロ前後だということに気づいた。腕が先天的に曲がっていて肘のけがに気をつけなければならないことや、筋力がほかの人に比べてつきにくいのは体が柔軟なせいだからそれも受け入れなければならないことを知り、二〇代から四〇代を生きる女性の体がどういうものであるか、一人の女性が約一〇年という月日の間にどんな変化を経るのかも知った。

出産前後に女性の体が経験すること、バーンアウト、うつ病、強迫観念のような精神的変化も見守ってきた。睡眠、姿勢、血の巡りなどについても話し合った。ダイエットという名で自己管理を一括りにしてしまうには、いかに体が複雑で大切かをほかの七人の生活と私自身の体を通して学んだ。それだけでなく、結婚を決めるとき、どれだけ多くの不確定要素について考えなければならないか、非婚で生きるということは実際どんな人生を意味するのかもより広く理解するようになった。

そのうち私たちは、それぞれの人生において下した決断そのものよりも背景に目を向けることができるようになった。私たちの人生がどれだけ固有のものであり、変化が激しくて、それぞれの人生について皆がどれだけ深く悩むものなのかを理解するようになった。九年前に比べて今の私たちはずっと相違点が多くなったけれど、おかげで互いを、自分をもっと尊重するようになった。私とほかの七人の人生が次第に広がりながら私に迫ってきて、彼女たちは広がっていく私の人生を受け止めてくれた。私たちは互いの人生を信じて見守り、誰かに求められたときに限って適切な助言をする方法を学んだ。その助言の内容がどうであれ、精いっぱい話に耳を傾け、どんな選択をしたとしても全力で応援してあげられるようになった。私は、それぞれ違う道を歩む七人の女性たちを見ながら私自身を肯定し、成長した。

もちろん、いつもいいことばかりではなかった。時には社会問題について激しく討論したこともあるし、それぞれ日常生活に追われたり、この親密な空間に疲れを感じてグループトークからしばらく退出したり、メッセージの通知をオフにしたまま何か月も過ごしたこともある。それでも今まで関係を維持してこられたのは、程よい距離感のおかげだと思う。離れていても不安ではなく、ときどきおかずをたっぷり詰めてきて冷蔵庫をいっぱいにしても嫌がられたりしない関係は、もしかすると私たちのはじまりが同じ目的の上につくられたオンライン上の小さな集まりだったからかもしれない。それぞれの人生に確かなものを持っているけれど、それを振りかざしたりしない人たちと平凡で変化の激しい九年を共に過ごせたことは、私の人生にもたらされた穏やかな恵みだ。

少し前、非婚と結婚の間で悩んでいるフィヨンのおかげで関係というものについて話し合う機会を得た。私たちはそれぞれ違う意見を並べ立てたけれど、賛否が対立するというよりも、フィヨンらしい結婚とフィヨンらしい非婚について議論する場となった。そして、結婚と非婚の間のオプションについても話しながら、フィヨンがフィヨンらしく生きるのに役に立てることを祈った。どんな選択をし、その選択がフィヨンをどこに連れていったとしても、私たちはいつもここにいることを覚えておいてほしいと願いながら。

人生において自らを成長させる経験は批判ではなく受け入れることから得られるものだ。受け入れることに合意した関係だけが、互いが投げる言葉の裏にあるものを信じて前に進むことができる。私はこれからも、そんな人たちと共に過ごしたい。人生の形や決定が違っていても、互いを受け入れようと努力することに疑問を持たない人、私に有用なメッセージを伝えるすべを知り、その中心にいつも私を置いてくれる人。九年間、私を受け入れ、私の人生のひとひらにそっと寄り添ってくれた七人の友人にこの場を借りて愛を伝えたい。

愛するということは、気づかないうちに互いを最も傷つけることのできる関係になっていくという意味でもある。それでも私たちは、愛が勝手に作り出す危うい権力をふりかざすことなく、失敗や浮き沈みの中にあっても互いにとって心強い駆け込み寺でありたいし、みんなも同じ気持ちを持ち続けてくれることを願う。

チョンウンさん、ウンギョンさん、ミニョンさん、ジョンヨンさん、ヨンウン、イエスル、フィヨン、みんなこの先も一緒に生きていこうね！

私のトリセツ

朝起きると少し憂うつだった。空港のターンテーブルが回るように頭の中で否定的な考えがぐるぐる巡り、一つ消えるとまた一つと、新しい手荷物が運ばれてくるようにほかの否定的な考えがひょっこり顔をのぞかせた。そういう気分が続くときは優しい声が必要だから、すぐにMBCのラジオ番組『キム・イナの星が輝く夜』の聴き逃し配信をオンにする。そして、シャワーを浴びる。シャワー中も否定的な考えが次々と浮かび、泡が頭全体に広がるまで頭皮をぐいぐいマッサージしながら声に出して言った。

「やめて、ミンジ。ストップ！」

安全管理の担当者が非常停止ボタンを押したように、思考はそこでしばし止まった。聞こえる音に集中しようと務めながらシャワーを終える。ガウンを着て浴室から出ると、冷たい水を二杯続けて一気飲みした。今朝感じた無気力感と憂うつさを、今週のカウンセリングのときに忘れずに話さなければと思った。憂うつ度のマックスが一〇だとすると今は五ぐらいだろうか。起きた直後は八ぐらいだった。三減ったのだから二〇分の間にかなりましになった。今日はお酒はやめておこう。

一人暮らしの非婚者兼フリーランスとして生きることとは、自分で自分をケアし、雇用し、仕事をさせるという意味でもある。私という人間に対するさまざまな対応マニュアルを用意して生きなければならない。年を重ねたからといって何もかもが穏やかになっていくわけではないが、私に関するデータがだんだん増えてハンドリングできるようになるという意味において不安が減っていく。そのうちの一つが不安から来る症状を自覚しておくことだというのは皮肉ではあるけれど。

私は二週間に一度、カウンセリングを受けている。カウンセリングを受けてはやめるということをくり返し、今は劇的な気分の変化がなくても定期的に専門家と話せるという安心感が気に入ってこの形が定着している。不安や憂うつ状態がひどくなれば精神科の治療と並行したりもするが、私に合うカウンセラーと精神科医を見つけたことは、この三年の間にあったうれしいことの一つだ。相性のいい先生を見つけ、ラポール（相談や教育を前提とした意思疎通において相手との間に形成される親近感や信頼関係）を築くのに時間がかかった。
長くカウンセリングを受けながら、私は家にある小さな工具セットのように、ある感情が押し寄せてきたときに開いてみるいくつかの応急処置マニュアルができた。自分が抱いている感情の正体は何なのかを深く観察したり、俯瞰《ふかん》しながら今の自分の状態を見つめたり、その感情から自分を脱出させる方法をいくつか試してみたりというように。そのすべての応急処置マニュアルが失敗したときに駆け込める専門家がいることを心の支えにして。

体に関しても、いくつかの試行錯誤を経て理想の食事量と体重に行き着いた。体重を減らしすぎると気力がなくなり、肉づきがよくなりはじめると右の膝に負担がかかると同時に消化が悪くなる。一週間に四回程度の筋トレをすれば、埃のように積もっていく一日分のストレスを吹き飛ばすことができる。枕は首のコンディションによって二つを使い分けていて、一〇万ウォン代のテンピュールのものと一万ウォン代のヒノキのビーズが入ったものを交互に使っている。仕事が遅れると憂うつ度が高まりやすくなるので気をつけなければならないし、最低でも三日分、三日後の何時までに何をしなければならないかを決めておけば不安を減らすのに役立つ。眠れないときは、有料の瞑想アプリを立ち上げて睡眠モードにしておけば一五分以内に眠れる。お酒をたくさん飲んだときは、嫌でもコップ二杯の水を必ず飲んで寝れば翌日だいぶましだ。

自分のことを一つずつ知っていき、それを活用しながら、自分の扱いを間違ったり、自分を放置することがないよう一つひとつケアすることは他人との恋愛とも似ている。

✤嫌なことはやらない。
✤無理をしすぎているときは非常ボタンを押してあげる。
✤必要なときに適切な助けを得られる場所に連れていく。
✤第三者の評価がどうであれ、頑張ったことを認めて自分を褒めてあげる。
✤どんなに忙しくても食事をきちんと取らせる。

自分を愛することとは、時間と手間をかけてこつこつと自分を細かく知っていくことだ。傷つきやすい自分に傷つかないでとどやしつける代わりに傷つく原因を一つひとつ排除し、絶えず安全な道を切り拓きながら。そんな日常を過ごすうちに愛する人ができ、その人と恋愛することになったときは、その細かい情報を少しずつ、相手を驚かせない程度に伝える。私にとっていい人になってもらえればという思い、いい人になっていく過程で道に迷わなければいいなという思いで。そうしているうちに自然にわかるようになる。誰よりも私を愛しているのは私以外の誰でもなく、それを忘れてはいけないということを。

少し前にサプリメントを飲む時間を知らせるアプリのアラーム音が鳴った。前もって小分けにしてあるサプリメントを飲み込み、母がコロナ禍に結婚式に行き、食事の代わりにお返しの品としてもらったというスティック状の高麗人参エキスをチューチュー吸いながらこれを書いている。今日は原稿を書いたから、ご褒美としてネットフリックスでドラマを二話見て、カウンセリングの先生に約束した今週のミッションに従って午前二時までの就寝にトライする予定だ。前回のカウンセリングの時間に幸せな気持ちで眠りに就く方法について話していたら、先生が好きな芸能人とのデートを妄想するといいと教えてくれた。どこに行って何を食べ、どんな話をしたのか、ドラマの脚本家のように一つひとつ思い浮かべているうちに夜が明けていて、どこまで進んだかよく思い出せなければすぐに眠ってしまった証拠だと。何だか微笑ましい方法だし面白そうだから、今夜試してみようと思う。眠る努力をしなければならない瞬間がいちばん怖く、それを避けようとしているうちにくたびれて倒れ込むように眠ってしまうことが多いのだが、今日はその瞬間が待ち遠しい。これもカウンセリングの先生の狙いなんだなと思うと、あらためて私をよく理解してくれている先生に感謝の気持ちがわいてくる。時間とお金が相当かかったけれど、あきらめることなく自分に合う先生を見つけてくれた自分にもありがとうと言いたい。

好きだから線を引いたんです

✤守れない約束はしないこと。
✤永遠かどうかわからないなら、永遠に愛すると言わないこと。

何か大層な人生哲学を持っているわけではないが、数少ない原則のうちの一つは線引きすることだ。自分の人生に対して持つべき責任のうち、私が最も大事だと感じているのは、自分に必要なごはんの量を知ることだと信じているからだ。なぜ食事の量ではなくごはんの量なのかというと、シェアするおかずや料理ではなく、私が責任を持って解決しなければならない私のごはんの適量を知っておく必要があるからだ。

フリーランスとして働きながら、意外にもパラレルワーカーになった。放送作家としてそれだけに専念する人もいるけれど、私の場合は寄稿や講演、トークイベントなどの仕事もしている。広告の仕事もし、独立出版のレーベルも運営し、ポッドキャストの制作と編集、録音もしている。最初からそうしようと思っていたわけではなかったが、放送作家をしているうちに提案を受けて本を出すことになり、本と関連する講演の仕事も追加された。ほかの本の執筆中に番組のスケジュール変更などで本の脱稿が遅れたため、担当している番組が終わった後はほかの仕事を入れないでいると、その事情を知っている制作会社から連絡が来て、副業としてできる程度の仕事をくれた。

本を書き終えると、ありがたいことにその分余裕ができたことを知っているところがまた連絡をくれて二つの仕事をかけ持つ人になった。本と関連したイベントもするようになり、次第に私は複数の仕事をするようになったのだ。あるときは、人が一日かけてやる仕事を同じぐらいの時間をかけてするけれど、少し無理して半日で終えることができれば、その都度入ってくる仕事も並行してやる。こうしてフリーランスとして生きながら身についた仕事の習慣が今の私の日常を支えるルーティンになっている。

コンテンツを作る者として、私は私の感情を商売道具にしている。今、こうして自分の気持ちを整理してこの本を書いているのも私の感情を売る仕事だといえるが、自分は少しも楽しくないのに、他人を笑わせたり泣かせたりする文章を書くのも私の感情を売る仕事だ。一日のうちに楽しいことを考える量が決まっているとしたら、私はそれを適切に案配して家賃を稼がなければならない。恋人に振られても、これまでの恋愛経験を総動員してデートアプリのプレゼンのための妄想台本を書かなければならず、家族から傷つく言葉を聞かされた日の夜に、家族への愛をこめたエッセイを書かなければならないこともある。一日中楽しいことを考え、それをかき集めて会議の場で発散してしまうと、隣で寝そべっている恋人を笑わせてあげることもできず、感情が放電した状態でそばにいるしかなくて悔やまれる日もあった。何があっても、書き上げなければならない感情的創作物の量は決まっていた。そんな毎日の締め切りを守りながらこの仕事を辞めてしまおうと思うほど疲弊しないように自分をなだめることが、私という工場を切り盛りするうえでいちばん大事な維持・保守点検だったわけだ。

そうしているうちに自然と「私はどこまで耐えられるか」を測るのが日課みたいになった。シェアする食べ物なら人に押しつけることもできるけれど、自分の茶碗に盛られたごはんの場合は、ちょっと減らしてくれと言うべきか全部食べ切れるかどうかを手をつける前に決めなければ、食べ物を無駄にしたり用意してくれた人に礼を欠くことになったりするからだ。誰かが好意でごはんを山盛りよそってくれたとき、残さず食べる自信がなければ正直に言うことが、残すよりも配慮と責任のある行動であることも知った。

最初は難しかった。とくに、フリーランスだからいつ仕事がなくなってしまうかわからないと思うと不安で、依頼があればとにかく引き受けた。実際、引き受けてしまえば、きちんとやり遂げられることが多かったからだ。でも、ほどなくして何としてでもやり遂げられる仕事にはそれなりの理由があることに気づいた。ほかの人よりも早く仕上げられる私の得意なタイプのプロジェクトだったり、オーバーワークになっても比較的疲れを感じない面白い仕事だったのだ。それを知らないまま今回も何とかなるだろうと信じてどんどん入ってくる仕事を喜んで引き受けていたころ、私はまわりの期待と押し寄せるプレッシャーに耐えきれず、制作会社の事務所の前にある駐車場に座り込んでしまった。

体が感知したキャパオーバーはまだましだ。心の中にこれまで一度も経験したことのない地獄の扉が開かれ、そこに棲む鬼が一日に何度も私の頭をかき乱すとき、私は本当にこのまま一日も生きていられないという恐怖に襲われ、救急センターに駆け込むように精神科を訪ねた。幸い、最初から自分に合ったクリニックに出会うことができ、定期的に助けを得たけれど、それ以降は自分ができないことははっきり断るのが自分と他人を尊重する最も基本的な方法だと学んだ。まわりの大きな期待に応えようと引き受けたもののそれが思いどおりにいかないとき、どれだけ誰かを憎むようになるかということにも気づいた。

それから私は仕事の依頼があると、今抱えている仕事のスケジュールをくわしく説明し、現実的にいつまでに仕上げられるかを伝えることにしている。そして、先に報酬を示してもらえないプロジェクトはまず検討もしない。報酬がわからないままだと、仕事を進めている間ずっと不必要な不安と悲しい気持ちに襲われることがままあるからだ。最初から私が割ける時間を伝え、報酬を交渉し、業務量について大まかに合意し、そのプロジェクトが望む結果を出せると確信してから仕事を引き受け、後から起きた突発事項に対しては、納得してその仕事に参加した一人としてベストを尽くすようにしている。まるで、恋愛をはじめる前に、私がどんな人であるかをできるだけ説明し、私がどんな恋愛を望んでいるのかをできるだけ共有するみたいに、お互い驚くことのないように最初にきちんと合意しておくのだ。その合意の過程で私に対して少し寂しい気持ちを抱く人がいるかもしれないし、意図を誤解されることがあるかもしれないが、今、寂しい気持ちにさせるのを避けたことで後になって実質的な損害を被らせる人になるよりは、自分にできる範囲にきっちり線を引き、それを伝えることが私にできる最大の配慮だと考える。

このやり方は仕事以外でも使っている。耐えがたいほど失礼なことを言う人がいたら、私がそれを不快に感じているということを何としてでも伝え、その人と私がぎこちない関係になってしまうのを未然に防ぐ。「太った？」みたいなことを言われたとき、その言葉を永遠に聞き流す自信がなければ、そんな失礼な物言いに耐えるつもりはないという意思表示をする。それは、けんかしたり、ひねくれた態度に出なくても十分可能だ。「太ったかって聞きましたか？」というふうに、相手の言ったことをオウム返しにするのもいいし、「久しぶりに会って開口一番、『太った？』だなんて」と、自分の発言が相手にどう聞こえるかに気づかせるのもいいだろう。「まあまあ、そんなふうに言わなくても〜」みたいな答えが帰ってきたら、「ひどいことを言うからですよ」と返す。無礼な人に対応する最も シンプルな方法は、その無礼さを正確に教えてあげることだ。

そんなことを言うと関係がぎこちなくなるかと思っていたら、ほとんどがその反対だった。私が何を言われると気を悪くするかが相手にわかり、会話をするときにどういう部分に気をつけるべきかを腹を割って話すことは関係を深めるのにとても重要な役割を果たす。ずっと私を傷つける態度や言葉に耐えているうちに限界に達し、永遠にその関係性を失うこともあると考えると、前もってヒントをあげることほど相手のことを思っているという証拠はないだろう。もちろん、世の中のすべての関係がそうであるように、私の口から出た言葉の温度を相手が同じように感じることはない。だからときどき、お互いを失うこともある。でも、それが私には耐えがたいことではっきり言うしかなかったのなら、お互いを失うことは、それぞれがもっと相性のいい人と出会う道が開かれたことにもなる。

最近、自己肯定感についての質問をよく受ける。私はまだ自己肯定感というものの実体を正確に理解できていないし、それがメンタルケアがちゃんとできているように見える人たちに向けられる質問であることからすると、そもそもなぜ私にそんなことを聞くのだろうと思う。辞書では自己肯定感を「自らの品位を保ち、自己を尊重する気持ち」と定義しているが、自己を尊重するために私が最も気を使っているのは、自分で責任を負えないほどのごはんを自らに強要しないことだ。手に負えないほどの重い荷物を引き受け、それを処理し切れなかったことで自己嫌悪に陥らないようにするために。

問題は若いほど、しかも女性であればなおさら、なかなかそうはできないという点だ。弱者であればあるほど、「それぐらい、いいじゃないか」と言ってうやむやにすることを、ただ笑って受け入れることを強要されるからだ。そうやって私の引いた線を無視される経験を何度もすると、当然の結果として自らを尊重される存在として認識するのが難しくなる。だからときどき、後輩たちから似たような質問を受けると私は、すぐに抗議しろ、勇気を出せと言うのではなく、まずはただぎゅっと目をつむり、自分はその感情に責任を持って最後まで持ちこたえられるかどうかを考えてみようとアドバイスする。不当なことに抗議する悲壮な場面を思い描き、線を引くことを恐れず、ただ、今の気分に耐えられない、永遠に耐えたくないと感じたならシンプルに線を引いてみようと。いくら恋人を愛していても、自分が耐えられない行動を彼がくり返すなら勇気を出してそのことを話すべきだ。そうしないと、最悪の形でその人を失うことになりかねない。

（そんな耐えがたい差別的な言葉をくり返し使わないで。ベッドでコンドームを使うことまで私に神経を使わせるのは、安定的だと信じていた関係に亀裂をもたらすということを忘れないで。事前に何も聞かされないまま一日中連絡が取れなかったり、連絡がつかない理由を一切説明しないなんて不親切なことはしないで。そうでなければ、あなたが信じられないからではなく、忙しくしている私に不必要なエネルギーを使わせたという理由で私はあなたに寂しい気持ちを抱くことになるだろうから。あなたが私に話さないことによって私に影響を及ぼす可能性があるのなら、それがどんな問題であっても包み隠さず話してほしい……）

言いたくなることはもっといろいろあるだろう。そんな言葉の数々を心にしまっておく自信がないのなら、今なら言っても大丈夫と思えるタイミングで相手にはっきりと警告するのも一つの愛の形だということを忘れてはいけない。もし、愛の形が異なっていて相手が私を理解できず遠ざかってしまうなら、残念だがそれがその愛の終わりだということも潔く受け入れなければならない。相手の時間とエネルギーを尊重するためには、私がしてあげられないことを正直に伝えるべきなのだ。

私は堂々とした振る舞いや断固とした態度、「断りの美学」みたいなものについて話しているのではない。つねに自分を叱責しないで済む方法を真剣に探すことこそ、自分を最もよく愛する方法だと言っているのだ。私が責任を持てるごはんの量を減らしたり増やしたりしながら確定し、それをきれいに平らげることをくり返して、そんな自分は偉いと思いながら毎日生きていく方法について話しているのだ。むやみに無限や永遠を約束し、その責任の重さに押しつぶされて死なないこと。それが愛であれ、仕事であれ。

母は無念を、父は侘しさを多く抱えている。母は長男の嫁であり、一九五〇年代生まれの韓国女性として生きながらあまりにも多くの不平等を経験してきたからで、父は黙々と長男と家長の役割を長年にわたって全うしてきたために、周囲の期待以上に自らを追い込み、責任を背負い込んでいる。時代と個人の責任が混在した二つの気質が私と衝突したとき、どこからそれを解決していくべきかと思うと私はときどき目の前が真っ暗になる。自分にそれができるかどうか、すぐに教えてあげることを美徳とする八〇年代生まれでフリーランスの非婚の娘と、与えられた状況に耐えながらどうにかしてやり遂げ、それについて沈黙することが美徳だと信じる五〇年代生まれの両親の間で、それぞれの考える自尊心と愛がぶつかることがある。週末に、母から婚家での暮らしの愚痴を四〇分も聞かされたとき、私は座ってぶつぶつ言っている母を心の中で非難し、母は集中して聞いてくれない私に寂しさを感じていた。

「お母さん、私は明日帰るんだから、何度も聞かされた楽しくもない話に時間を取られるのはもったいないよ」

母が、それ以上聞きたくないと言って遮ろうとする私の言葉に寂しさをぐっとこらえ、その中ににじむ私の愛を感じ取ってくれたのはいつからだっただろう。一度は、こんな話もできないなんて寂しいと言って泣き、一度は鐘でも鳴らしたかのような大きな声で「あらまあ!」と言いながら、すんなり私の言葉を聞き入れてくれた。一緒にいる時間を愚痴に費やすのはもったいないと表現したけれど、つまりは私の頭の中で、その長い話をまた聞いてあげることはできないよと遮断機が下りただけだった。中には、いらいらした顔をしてものすごい早口でまくし立てた日も、母の手を握って目を見つめながら話せる余裕のある日もあって、だから、そのたびに母の反応が違っていたのだろうけど。

いつだったか母が私にうらやましいと言ったことがある。母も私みたいに感情を隠さず、嫌だと思ったらはっきりそう言いたいと。私は弱気な母に本当のことを教えてあげた。単なる職業病みたいなものだと。相手に悪感情を抱いている暇も惜しんで楽しい話を書かなければ家賃が払えないから自然に学び取ったのだと。しかも、毎回うまくいくわけではなく、私も母のような経験をしながら生きていれば同じような無念さを抱いていたはずだとつけ足した。とにかく、末娘は母の愚痴を聞いてあげられるほど寛容ではないから、申し訳ないけれどときどきはパスさせてほしいと。

あらゆることに線引きをしてメンタルケアをきちんとしているように見える私が、定期的に精神科とカウンセリングセンターに通っているのを知ったとき、母と父は少なからず衝撃を受けた。すべて一人で耐え抜くために適度にはっきりものを言い、一部を精神科に、一部をカウンセリングセンターに委ねているからそれが今の私の拠り所になっているわけで、おかげで今口を少し軽やかに、潑剌と生きていられるのだが、耐えに耐えることを人生の美徳として生きてきた両親にしてみたらそれは当然のことだった。母は何が問題なのだと事あるごとに聞き、父は誰が見てもぎこちないタイミングで、ずっと温めていた質問をするかのように病院はどうなんだと聞くところを見ると、表現の仕方こそ違うものの気になってしょうがないのは同じだった。ちゃんと育てた娘がなぜこんなふうになってしまったのか心配なのだ。少し前に会議で会った人もしんどい思いをしていると言うので私が通っている精神科を薦めると、似たようなことを聞いてきた。

「クァクさんみたいに自尊心が高そうに見える人も精神科に通っているんですね」。はい、私はこの方法で自己を尊重しているんです。必要なときに自分を必要な場所に連れていくというやり方で。

だから、私はときどき、よい関係というのは線を引く基準が似ている人たちの出会いではないかと思う。自尊心、自尊心と言いたがる人たちは、自尊心が高い人同士の恋愛がうまくいくのは自尊心のおかげだと言ったりもする。最近のように「万事自尊心説」が飛び交い、相手を最も高度に非難する方法として「あいつ、自尊心が低いからな」という言葉を使い、自分の推しを自慢するときも「自尊心がかなり高そうに見えるタイプ」みたいな言い方をするから、自尊心という言葉を口にするのがはばかられる。にもかかわらず、自らを尊重する方法の一つとして適切なタイミングで適切な線を引けることが自尊心だとしたら、その自尊心の周波数が同じ人同士の出会いや仕事こそ最適なものなのではないだろうか。互いに失礼なことをしてしまわないよう適切なタイミングで警告を与える、そんな勇気ある親切心が通じ合う運命的な瞬間と、その言葉にお互い一歩ずつ譲りながら交わす温かいまなざし。そんなものを共有できる人たちとたくさん出会いたい。もし私が、線を引く基準が異なる人に私の基準を押しつけて驚かせたり、誰かが引いた線に私が失望する姿を見せていたならお詫びしたい。あなたはきっとそのうち、似たような線引きをするもっといい人に出会えるだろうし、いつか巡り巡って線のパターンが似る結果になった私たちが再会し、お互いに気づくことだってあるかもしれない。

そんな希望を抱いて、今日も線を引いている。あなたとつながっていたい一心で。

好みの発見

甥っ子が小学校に入学した。私は近所の「ソウォルキル・ミリョン」に行き、カステラとケーキを買った。甘い物が好きじゃない私は有名なケーキ屋さんとかパン屋さんを教えてもらっても微妙な味の違いがわからない。その小さな違いを生み出すために心血を注いでいるパティシエのみなさんには本当に申し訳ないのだけれど。でも、デザートが好きな甥っ子や姪っ子と何かお祝いするときは、甘い物を贈る文化にちょっと染まってみる気分でいつもソウォルキル・ミリョンに行ってデザートを買う。

甥っ子や姪っ子にとって私は「ケーキをよく買ってくる叔母」だけれど、実際はケーキのことをよく知らないというわけだ。甘い物のキュレーションは同期の作家で仲のいい友人でもあるジへがしてくれる。作家としてのキャリアの大半を料理番組やグルメ番組で積み上げてきたジへは、仕事に関係なく相当な美食家で情報通なので、エリア名を伝えただけでどこで何を買い、食べてくるべきかを的確に薦めてくれる。私の好みは偏っているけれど、ジへのデータベースを信じておいしいものを調達し、まわりに配っているおかげで、私はちょっとセンスのある人になっている。

最近、部屋に花を飾っている。もともと私はわが家で唯一、植物に興味がない。母と父と姉はどこへ行っても植物の名前を当てて必ず写真を撮る。父がときどき、「あれはお前の母さんが好きな花だ」と言って山の中腹にある花木を指差すと、その木の名前も母の好きな花も知らない私は、誠意の感じられない態度でサイン会に臨むアイドルみたいに「ああ、そうなんだ」と返す。甥っ子のジュンがまだちゃんとしゃべれないとき、道端の花を見て足を止め、「お花《はにゃ》ね」と言ったときは不思議な気がした。あの年ですでに花の価値を知っていて舌足らずな話し方で花に対する感嘆を表現するなんて。それとも、私の成長期に何かがあって私だけが植物に関心がないのだろうか。

そんな私にも花にこだわったことが一度だけあった。以前つき合っていた人に、空港に迎えにくるときに花束を手に待っていてほしいとお願いしたのだ。なのに、彼は何も持たずに現れ、私が責めると「花はあんまり好きじゃないくせに」と言った。そのとおりだ。じつは、ぶっきらぼうな彼が空港で花を手にそわそわしている姿を見てみたいといういたずら心からだった。彼はたまった課題を片づけるのに忙しく空港にもぎりぎり間に合うかどうかという中、私に食べさせる料理を作っていたら時間がなくなってしまい、花か料理か、どちらか一つを選ばなければならないのなら、愛する彼女は絶対料理を選ぶだろうという確信があったという。正解を言い当てた彼に感心し、何よりも心を込めて準備してくれた料理がおいしくて、人生ではじめて花に執着してみたエピソードはそうやって料理に押されて消えていった。

そんなある日、ポッドキャスト『ビホンセ』の一周年を迎え、作家仲間で『季刊ホルロ〔「一人で」の意〕』の編集長のジンソンが家に花を送ってくれたことがあった。花が好きかどうかはともかく、花をもらったということがうれしくてきれいに飾っておいた。考えてみれば、それまで花束をもらったときは花瓶に生けることもせず、自然にドライフラワーになっていくのを眺めていた。でもそのときは、箱に入って届いた生花をひと目見て花瓶に生けたほうがいいような気がしたのだ。仕事をたくさん抱え込んでいて大変な時期だった。翌朝、寝室のドアを開けて出ていくと、前日もらった花が、まるで生気を放つかのようなものすごい存在感を漂わせていた。毎日見ていた光景に限りある命を輝かせている存在がたった一つあるだけで、人が一人入ってきたみたいに新鮮だった。しかも、何も言わず、ネットフリックスのチャンネル選択権を侵害することもない。ただそこに美しく咲いているだけというのがよかった。その日の夜、一人で映画を観ながらワインを飲んでいると、やたらと花に目が行った。すぐに散ってしまうと思うと残念で、花をこんなに真剣に見たことがなかったからか、花が好きになったからか、酔っぱらっているからかよくわからなかった。

しばらくの間、日常に変化をもたらしてくれた花がしおれ、その数週間後に参加したブックフェアで読者の方に花をいただいた。しおれた花を捨てながら虚しさを感じていたので、もらった途端にうれしさが込み上げた。朝起きると、自分が水を飲むより先に花の水を替える日が続き、大変そうな知人がいると花を贈りはじめた。そして、もらった花の寿命が尽きると定期的に花を買うようになった。私の凝り固まった好みに首をひねりながら花を贈ってくれた友人のおかげで、私はいつもと少し違ったリビングで少し違った朝を迎えながら毎日を過ごしている。

私の好みの多くはこうやって作られている。何かをきれいだと思ったり、私がそれを好きだと確信するのには必ず心動かされたエピソードがある。今の私のプレイリストの中に、道を歩いているときに偶然耳にしてすっかり気に入ってしまった音楽はほとんどない。キム・ユナの「道」はドラマ『シグナル』が放映されていたときも好きだったが、友人のジュニョンさんがカラオケで歌ったとき、目と耳で読み取った歌詞が気に入ってプレイリストに追加された。ＢＴＳの「Answer: Love Myself」を聴くと、姉と並んで横になって話したことを思い出す。姉は子供たちを寝かしつけながらいろいろと複雑な感情にとらわれていたとき、「自分の過ちでできた傷跡もすべて自分の運命なのに」という歌詞を聞いて泣いたそうだ。私も同じところで涙が浮かぶ。その部分を切なく歌い上げるジミンの声や姿が余計にそうさせるのかもしれない。

ダフト・パンクの「Giorgio By Moroder」はソウルの忠武路《チュンムロ》駅近くにある「スペインの本屋」で、酒に酔ったダミアンの歌声にすっかり酔いしれて聴いた曲だが、そのときの気分に浸って聴くたびに、夜中の三時に酔っぱらって朦朧とした頭であの本屋にいるみたいな感じがして今もプレイリストに残っている。シム・ギュソンの「西陽の散策」は、友人に連れていかれたコンサートで聴いた曲で、目の前の観客に愛を伝えたくてたまらないという彼女の表情が忘れられなくてよく聴いている。

デイブレイクの「今夜は平和に」は私が最も愛するアーティストであり作詞家のキム・イナさんが好きだというので一緒に聴いているつもりで愛聴している曲だ。一山《イルサン》の撮影所で撮影を終え、疲れ切った状態で薄暗い道路を運転して帰るときにループ再生しながら聴いている。私の日常を満たす音楽の大部分は、誰かと共にした時間やその人との関係を通して定着した曲だ。音楽キュレーションアプリが私の好みを把握しきれず、おすすめリストの大半が役に立たないのは開発者のせいではなく、そもそも私の音楽の好みがバラバラだからだ。

最近、友人がハイカットのエアジョーダンを買ってくれたのだが、履き心地がとても気に入ったので別のデザインを買い足した。自分のお金でスニーカーを買うのは何年ぶりだろう。ヨーグルトやヘルシーブランチみたいなものには興味はないけれど、歌手のジェアさんが朝ごはんにたっぷり盛ってくれたミューズリーがおいしくて、私も食べるようになった。今やミューズリーとギリシャヨーグルトは、卵と合わせて定期的に買う食品の一つになっている。ワインの好みはシェフのサニーさんと似ているが、それは、ワインコンサルタントをしていたサニーさんが私をワインの世界に導いてくれたからだ。カクテルは好きではないけれど、バーに行ったときにときどき飲むブラックルシアンとゴッドファーザーは、元カレに教わった。友人がターンテーブルのクラウドファンディングをするというので応援の気持ちを込めて私も一つ買い、日曜日の昼下がりに部屋の片づけをしながらLPを聴くのが好きになった。そのターンテーブルは今も愛用している。

私は自分がバルセロナのグエル公園にあるオオトカゲみたいだと思う。砕いたタイルでカラフルなモザイク調に仕上げたオブジェのオオトカゲ。今の私を構成しているのは、私の近くにいる人やかつて近くにいた人たちだ。「これ面白いから絶対見てみて」と誰かが送ってくれたユーチューブのリンクは絶対に開かないけれど、誰かの肩越しに見た他人の趣味嗜好やそれを見たときの空気と匂いが恋しくなったときに進んでそれらを求めるのを見ると、まわりの人たちが私に残してくれたタイルはどこか秀でた格好いい趣味なのではなく、私がその人たちを愛した痕跡なのだ。共に過ごした時間の中で私の体の中に刻みつけておきたい瞬間をどうにかして再現させようという気持ちがタイルのかけらのように集まって今の私と私の日常を作っている。その中のいくつかはいつか殻を脱ぐようにはがれ落ちていくだろうし、私は新たに愛することになった人たちと共有した瞬間や喜びのかけらを人生に刻みつけて生きていくだろう。喜んで私の体にそのかけらを貼りつけたくなるほど優しくて印象深い人たちが私のそばにいたということが、私にとってはグエル公園のオオトカゲのように誇らしい。他人の愛が何らかの形で私の中に残り、それによって私が作り上げられているというのは夢みたいなことだ。

ふとこんなことを思った。恋人との関係を含め、愛するということは結局、ただ通り過ぎてしまうこともある他人同士が自分と同じタイルのかけらか、相手からもらいたいタイルのかけらを互いの中に発見し、立ち止まって見つめ合うことではないかと。私たちはそれぞれ違っていて、でも互いを恐れるほど違ってはいなくて、私が何としてでもかかわってみたい魅力を持った人たちだから互いに何かを残す準備をし、今ここに一緒にいるのではないかと思う。私は友人の、家族の、同僚の、リスナーの、読者のかけらでできている。恋人であれ、読者であれ、リスナーであれ、互いの人生に大きな影響を及ぼすことはできないけれど、タイルのかけらを共有することはできるという意味で今を一緒に生きる価値があるのだと思う。そのうちの特定の人のかけらが私の背中を広く占めていてもいいし、その状態が気に入ったなら同居しようということになるのだろう。でも今はそういう状況ではないから、私に与えられた彩り豊かなタイルたちに喜びを感じながら毎日を過ごしている。私を育て、成長させているのはほとんどそういうものだ。一人の完璧な他人ではなく、私のお気に入りの完璧なタイルたち。あのあふれる愛のかけらたちに喜びを感じながら。

小学校に入学した甥っ子の将来にもそんなタイルがたくさんあればいいなと思う。ジュンとソルが完璧でなくても、完璧でない二人の手が届かない部分を助けてくれるいろんな友人がたくさんできればいいなと。そして、その友人みたいになりたいと焦るのではなく、友人と分かち合う感謝の気持ちを存分にかみしめ、その愛のかけらを大切にしながら毎日を生きていってくれたらと思う。

おばあさんの瞳にチアーズ！

Beer is proof that God loves us and wants us to be happy.
ビールは神が我々を愛し、我々の幸福を望む証拠だ。
——ベンジャミン・フランクリン

ベルギーを旅行していたとき、ブリュッセルのとあるビール展示場で目にした名言だ。アーメン……いや、「ああ、メク〔メクチュ＝ビール〕！」と叫びながら心の中で十字を切った。そうだ！　いつかポッドキャストで話したとおり、私は疲れる一日を終えて家に帰り、勢いよくビールを飲むとき、ワン、ツー、スリーと三口目でいちばんはっきりと神を感じる。メクレルルヤ！

私は二〇歳のときから今まで、本当に悔いのないほど多種多様なお酒を飲んできた。

大学のときは泥酔するまで焼酎を、卒業後は焼酎以外のすべてを、二〇代後半からは愛と情熱を込めてひたすらビールを飲んできた。もちろん、ワインやウォッカも好きだが、それはどれもお酒の一種にすぎず、ビールはというと大きな存在感を持つ一つのジャンルのように感じていた。甘い飲み物は嫌いだけれど炭酸は好きで、水を飲むときは必ずコップ一杯を一気飲みする私にとってビールは私の好みをすべて盛り込んだ仮想の彼氏みたいなものだった。そんなものが世の中にあるはずがないと思うかもしれないが、実際あるのだ。それも手の届く手ごろな値段で！　これが神の御業でなければ何だというのか。

私の人生の重大事件を額に入れて飾ったなら、その写真の中のどこかに必ずお酒があるだろう。はじめて児童支援の寄付をしたのは大学生のときだったが、完全に酔ってへべれけ状態になり、友人たちに見栄を張って一五万ウォンの飲み代を払ってしまったことがきっかけとなった。当時の一か月の生活費は三〇万ウォンで、そこから一五万ウォンを出すということは相当な痛手だった。朝起きてカードの明細書を見ながら前日のことを思い出した私は（幸い覚えていた）自責の念にかられ、横向きに寝そべったまま何時間も過ごした。「飲み代に一五万ウォンも使ってしまうなんて。そんな無駄使いをする人なんていないよ」。一日中そう考えていた。「そうだよ、それだけあれば、貧しい国の子供たちを助けることができ……ん?」。顔に枕の跡がつくほど長い間横になっていた私は、起き上がってパソコンに向かい、支援団体を検索した。そして、懺悔《ざんげ》するかのように児童支援の寄付をはじめた。軽犯罪者が社会奉仕するような気持ちで、私の手元にあったところで無駄に飛んでいってしまうお金を誰かの人生のために使ってもらえることに感謝しようと思いながら。そして月に一度、寄付金の引き落としメールが来る日には、お酒の量を減らして節約に努めた。

勤めていた会社を辞め、アイルランドのダブリンに旅行に行ったとき、表向きは旅行だけれど、毎日宿の近くにあるパブでNPC(ゲームの中でプレイヤーが直接操れないキャラクター)のように座っていた。パブ文化の特性上、立ってビールを飲み、韓国式の酒場とは違っておつまみもほとんどなく、それに耐えるのは本当に容易ではなかった。しかも、退職金を使って無職状態で来ている旅行者にとって一パイント(五六八ミリリットル)当たり五ユーロというのは負担だった。もちろん、一杯だけ飲むなら違っていただろう。問題は、私が六パイントほど飲むという点にあった。おつまみも座る場所もなく立ったままビールだけをひたすら飲むのに一日に四万ウォンが飛んでいくというわけだ。韓国人にとっておつまみもなく酒ばかり飲むのは苦痛だったけれど、私はフライドポテトを添えて飲む一杯のビールよりも、おつまみはない代わりに次の一杯が保障されているビールのほうがよかった。おかげでアイルランドでの忍苦の日々を経て立って缶ビールを飲むことを楽しめるようになった。ビールに対する愛が私に異文化を受け入れさせたのだ。

私は自分が、人が好きだからのんべえになったのだと思っていたけれど、ネットフリックスの登場によってそれが間違いだったことに気づいた。スーパーに行ってワインとビールを選ぶとき、観たい作品はあとどれだけあったっけと考える。まるで一人酒をする未来の私が透明人間になって一緒に買い物に来ているみたいに「ワイン一本で十分じゃない?」、「いや、二シーズンも残ってるんだから、全然足りないよ」、「だけど今日は一本にして代わりにビールをもっと買おう。ビールは何本あっても足りないから」、「OK」みたいな会話をした。一人酒まで楽しむ人にとって(最初は、一人酒をと書いたが一人酒までと書き直した。一人酒だけが好きなふりをしているみたいで、どこかやましい気がしたのだ)一人暮らす家があるということは、そこでいつも待っている飲み友達がいることを意味する。たまに友人と一緒にお酒を飲んでいても家で一人飲む時間が恋しくなることがあるので、わざと飲み会を避けることもある。家に帰って一人で飲みながら私だけの三次会をしたいときは、残念そうな顔で立ち上がり、振り返ってにやにやしながら家に向かって歩く。「家に何かあるかな。ラーメンスナックがあったっけ。お母さんがくれた貝の塩辛が残ってたはず! 途中でイカでも買おうか」。遠足の前の日の子供みたいにわくわくしながら家路を急ぐ。

一人酒を愛する人は、自分一人でお酒を飲んでいるとは思わない。私という飲み友達と私の家で会うのだ。それは、好きなおつまみやお酒を並べて向かい合って座り、マナーや相槌なんか気にすることなくあれこれ考えを巡らせ、好きなようにチャンネルを変えながら次は何を飲もうかと悩むこと。私が抱いているどんな感情にも共感してくれる友人に会い、一緒になって怒り、過度に興奮しては心を落ちつかせるのだ。よくないことがあったり、気持ちが萎えているときにお酒を飲まないのも同じ理由だ。悲しくて腹立たしくて悔しい私の気持ちに私以上に激しく感情移入する存在とお酒を飲むのは、自己破壊的な行動だから。しなくてもいい電話をかけさせ、悲しい私をもっと悲しませ、私が何か選択をしようとしているときにただ煽るだけの浅はかな奴と二人きりでお酒を飲むのはいろんな意味で危険だから。それを除けば、一人酒は幸せなことだらけだ。そういう意味で一人暮らしというのは、いつでも私が望めば誰の同意も得ることなく利用できる飲み屋があるのと同じだ。だからときどき、同居人を探そうかなと思っても、一人酒のためにすぐその考えを引っ込めてしまう。

私は最近、どうすれば大好きなお酒を少しでも長く人生のパートナーにできるかが悩みだ。運動をし、健康な食事をしようと心がけているのはお酒をあきらめられないからで、少しでも健康になれる方法を実践し、定期的に健康診断を受け、サプリも飲んでいる。どれも（お酒を）楽しみながら生きるためだ。ネットフリックスを肴に飲む一人酒の味を覚えたように、別バージョンの飲みの場を私の人生に追加しようというわけだ。ポールダンスをした後にこれでもかとセリを入れたトリガイのしゃぶしゃぶと一緒に食べる「しゃメク」、低塩の明太子を肴にステンレスのストローで吸いながら飲む缶ビール、南山《ナムサン》に行った帰りにレギンス姿でビールを飲みながら楽しむ人間ウォッチングなど。こうなってくると、ビールは事実上の「伴侶酒」だ。私がどんな人生を生きようと、異変さえなければ一心同体のように進んでいく存在！

将来なりたい自分の姿を想像して額に入れるとしたら、ドイツ旅行のときに見たおばあさんの写真を入れたいと思う。一リットルのビールジョッキを手に乾杯しようと誘うシルバーヘアーの格好いいおばあさん！　一リットルのビールジョッキを虚空に掲げられる前腕筋を持ち、物おじすることなく誰にでも乾杯しようと言える肝っ玉の太さと、ビールの冷たさに耐えられる丈夫な歯と、それをぐいぐい飲める若々しい肝臓と精神力！　それこそ私が非婚のおばあさんとして備えていたいスペックだ。そのおばあさんに少しでも近づきたくて今日も空腹状態でフィットネスバイクを漕ぎ、夜はポールダンスをし、朝ごはんを自分で作って食べている。お酒が残るか、私が残るか。感動のゴールデンベル〔KBSで放映されていたサバイバルゲーム式のクイズ番組『挑戦！　ゴールデンベル』をもじったもの〕をするのだ！

ああ、それならいっそのこと、どんな飲み屋でもゴールデンベル〔飲食店にいるすべての客の飲食代をまとめて払うこと〕を鳴らせる財力を備えたい。飲んで遊ぶことに真剣な人は、飲んで遊ぶためにそれを節制したりもする。やっぱり、ビールは神が我々を愛し、我々の幸福を望む証拠なのだ！

夫はいません。でも、推しはいます

目が覚めてベッドの上でごろごろし、そろそろ起きる時間だと判断したら、『キム・イナの星が輝く夜に』の聴き逃しボタンを押す。オープニングのテーマ曲に合わせて上体を起こし、バラエティー番組の『全知的おせっかい視点』でバレーボール選手のキム・ヒジンさんがやっていたストレッチをする。おもむろに立ち上がって台所に行き、コーヒーを淹れて飲む。フィットネスバイクにまたがり、急いで返信しなければならないメールがある場合を除いてテレビでユーチューブを開き、キム・ヒジンさんが出ている過去の試合のフル映像を選ぶ。一、二セットほど見たら四〇分になる。前はスマホでSNSを見たり、友人とメッセージのやりとりをしながらフィットネスバイクを漕いでいたので、そうでなくてもひどいストレートネックが悪化してしまったのだが、バレーボール選手の推し活をはじめてからは、画面の中の大好きな選手が私の視線を捉えて離さないので、首の調子がだいぶよくなった。ピラティスの先生がきっと喜ぶだろう。それだけじゃない。以前はその週のスケジュールが予定どおり進まなくてばたばたした挙げ句、結局は徹夜することがよくあったけれど、バレーボールのシーズンがはじまると、試合会場と家の両方で観戦するスケジュールに合わせて自ずと一か月分の計画を事前に立てるようになった。仕事の予定を試合の前後に入れて規則正しいルーティンを作り、締め切り前に仕事を終わらせる。両親とカウンセリングの先生がきっと喜ぶだろう。

一〇代の青春はすべてアイドルグループのH.O.T.に捧げた。一〇代のファンが多いことをよく知っていたメンバーのトニーが「成績が上がったといって成績表を送ってくれるファンがいちばん感心だ」と言うのを聞いて猛勉強したおかげで大学にも行き、小学生のころから私をテレビの前に釘づけにしていた芸能人たちのおかげで正真正銘の「テレビキッズ」として成長した結果、放送作家になった。最初に勤めた会社を退職して長い間失業していたにもかかわらず、自責の念を抱くことなく元気いっぱいに休息期間を楽しむことができたのは、メキシコのサッカー選手、チチャリートのおかげだ。彼を応援するために一人でイギリスに行ってプレミアリーグを観戦し、「私、韓国から来たんだ。愛してるよ！」と叫ぶと「俺も愛してるぜ！」という声が聞こえてきた。それを力に放送作家としての一年目を持ちこたえ、しばらく推しのいない穏やかな日々を過ごし、今はキム・イナさんとキム・ヒジンさんのファンとして楽しく暮らしている。

放送局の仕事をしていると、他人にとっての偉大な「星」たちを取引先の課長程度に思うようになる。親切にしてくれたらありがたいし、親切でなくても私のやるべきことをきちんとやればそれまでだ。だから、この業界に入るまで暗い夜道を照らす提灯のように私の人生を静かにリードしてここまで引き上げてくれた、そんな「星」を持つことはもはやできないのだなと思っていた時期があった。それでも漠然と、「あの人格好いいな。今度一緒に仕事してみたい」と思う人はいた。それがキム・イナさんだった。

韓国みたいに歌が通りにあふれ返り、あちこちでBGMとして使われる国で、ヒットメーカーの作詞家として一〇年以上その地位を守るということは、ある意味、時代を動かしているということでもある。人々が悲しみや喜びを増幅させたいと思った瞬間にその感情を見事に表現してくれる仕事をあんなに長く続けている人というのは、近くで見るとどんな感じなのだろうといつも気になっていた。もともと格好いいことは知っていたし、まわりの人たちの話と出演番組を通してすばらしいタレントであることも知っていた。そんな人が毎回、私たちの番組に出演してくれることになり、華を添えてくれることが限りなくありがたかったのだが、長い間、出演者と放送作家として過ごしていたある日、控室に入った彼女に撮影内容を説明していてうまく目を合わせられない瞬間があった。

ああ、私は彼女のファンになってしまったんだな。
尊敬、感謝、感嘆みたいなものではなく、この感情はファン心理なんだ。やられた。

しばらくして、健康上の問題で私がその番組から外れることになった日、誰が見てもほかの出演者とはあまりにも違いのある三枚にもわたって書かれた長文の手紙を渡し、制作陣ではないファンとしての私をさらけ出した。

「これからは推し活をしながら生きていきます。
愛を隠した感情労働はおしまいにして」

その番組をやめてからはじめてキム・イナさんのブックトークに行った日のことを今でもはっきりと覚えている。三〇〇人余りが入る大きな会場の客席の照明が消え、キム・イナさんと進行役のヨジョさん〔シンガーソングライターであり、作家であり、書店も運営するマルチタレント〕だけが明るく見えた瞬間、私は急にほっとして泣きたくなった。自分の好きなアーティストと対面するとき、緊張することなくただ見つめていられるということがとても心地よくて幸せだった。顔見知りであることなど比較にならない、私の

「星」を持つという歓喜。それ以来、私は『キム・イナの星が輝く夜』の生放送中に一生懸命コメントを書いて送り、キム・イナさんの誕生日である四月二七日には彼女の書いたものを共有したり、彼女が広報する動物愛護センターに寄付したり、本棚の一角をいつも彼女の本で埋めておいてお客さんが来たら喜んでプレゼントしたりもする。コンサートがないアーティストの推し活をするのは日常的なイベントが少なくて退屈でもあるけれど、別の言い方をすれば、自分の生活を維持しながら応援できるという適度な密度の喜びをベースに毎日を過ごせるということでもある。

そんなある日、作詞家を静かに応援する平和な日常を東京オリンピックが襲ってきて、私はバレーボール選手のキム・ヒジンさんに強烈なバックアタックを食らった。もちろん、実際にそれを食らったわけではない。テレビを観ていたら知らないうちにそんな状態になっていたのだ。

「あなた、私の熱烈なファンになりなさい。ノーとは言わせないからね」

キム・ヒジンさんは私と正反対の生き方をしてきた人だ。中高時代から身長が高かった私は運動部の先生に期待を持たせては、すぐに全校最下位圏の運動能力を示して皆に衝撃を与えた伝説の転校生だった。一方のキム・ヒジンさんは小学校のときから陸上選手として全国大会に出場するほど卓越した身体能力を持っていた。年を追うごとに体について違う考えを持ちはじめた私としては、今この時期に、大好きなスポーツ選手ができたことは自然な流れのようにも思う。もちろん、鶏が先か卵が先かはよくわからない。ずっと運動が苦手でスリムな体を作らなければと信じて生きてきた私が、超高強度の筋肉運動であるポールダンスにはまって本まで書き、以後、運動する女性たちのストーリーを熱心に探していたときにキム・ヒジンさんのファンになったので、運動にはまったのが先か彼女のファンになったのが先か、はっきりしない。とにかく、走って、ジャンプして、転がって猛《たけ》り立つバレーボールのナショナルチームのメンバーの動きに以前とは違うレベルで没頭するようになった。

分野が異なるということ以前に、仕事に対する態度も正反対だった。複数の職業を持ち、いろんなプロジェクトを転々と渡り歩く完全なフリーランスの私とは違い、キム・ヒジンさんはバレーボールという一つの分野で、しかも一つのチームでプロとして活動してきた（二〇二二年現在）。知れば知るほど興味深い経歴で、過去のインタビューや試合の映像を探して一晩中観る日が続いていたある日、質疑応答の映像が目に留まった。「バレーボール選手のキム・ヒジンではなく、一人の人間としての夢は何ですか」という質問に、「バレーボール選手以外、考えてみたことがなくて……」と答える姿を見て、がーんと頭を殴られたような衝撃を受けた。子供のころからやっているのに、今でもバレーボール一筋だなんて。どうすれば長年続けてきたこと、毎日やらなければならないことを好きでい続けられるのか。キム・ヒジンさんは私の想像を超えた感覚の持ち主だった。私も自分の仕事が大好きだけれど、一つの目標に向かって我慢強くずっと走り続けることには慣れていない。私の日常や人生において仕事の占める割合が大きくなりすぎると、好きな仕事を永遠に失うことになりそうでわざと新しいプロジェクトに移って環境を変えたりする。そんな私にとってキム・ヒジンさんが歩んできた人生は、ものすごく驚異的だった。自分にはあんな生き方はできないけれど、代わりにその過程を見守りながら応援したくなった。彼女のキャリアはあんなに長いのに、その存在に今ごろ気づいた自分が恨めしくもあるけれど、それでも気づけてよかったと思いながら。

キム・ヒジンさんの歩んできた道を夜通したどりながら、「もしかして、彼女にハマってる?」と思いながら身もだえした。そして、身もだえするほどに、足を取られるぬかるみのように深い推し活への入り口は広く開かれていくばかりで、一向に閉じる気配はなかった。ジンソンに「私このごろ、毎晩徹夜してるんだけど、これってハマってるのかな」と聞くとジンソンは、「これは推し活なのかなと迷うときはまだで、『わーっ、私ってヤバイ』と思ったらハマってる証拠だ」という適切な回答をくれた。しばらくしてから、このままだとくしゃみも「キム・ヒジン！」と言いながらしてしまいそうな危険を感じたある日、私は慎ましくその事実を受け入れることにした。

（あ、私、完全にやられちゃったよ）

友人のYは、推し活に対して「超能力を持つようになること」だと言った。つらいことがあったとき、写真を一枚見た瞬間に一秒で気分を変えてくれる存在ができることだと。キム・ヒジンさんにハマったことを確信したのは、私に超能力が生じたことに気づいた瞬間でもあった。車の事故と地獄のような会議が重なったある日、キム・ヒジンさんの新しいインタビュー映像がアップされていたおかげでその日の出来事を忘れ、にやにやしながら家に帰ったことがあった。車を修理に出したせいで公共交通機関で移動するはめになったけれど、おかげで動画がたくさん見られてよかった。推しがいる私は超能力者であり、キム・ヒジンさんの映像をくり返し見ることによって一時間以上の移動時間が一分に感じられた。

人生において、私たちは多くの時間を受け流していかなければならないが、それがうまくできずに困難に直面することも少なくない。推し活するようになるまでは、上司にひどいことを言われたり、電話越しにクライアントのきつい言葉に耐えなければならないとき、心の動揺がなかなか収まらなくてつらい思いをした。推しができたからといって急にメンタルが強くなるわけではないけれど、日々の暮らしの中で「ものすごいもの」がスポットライトのように輝き、ほかのことはすぐに色あせてしまう。どうでもいいことが私の日常を襲うとき、私には敬愛する存在がある。この会議室を出てボールを打つ推しを見れば、私はハーメルンの笛吹き男に惑わされた村人たちのように「ルルララ」とまた穏やかな日常に戻ることができるのだ。

「あっちを見ないで、私を見て。どう、格好いいでしょう？　あっちを見て顔をしかめてないで、こっちを見てってば。そうよ。もうひと口食べて、あーん」

推しは本人たちの意志とは関係なく、そういうふうにして私を起き上がらせ、服を着せ、食事をさせ、給料をもらえるようにしてくれる妖精みたいな存在だ。推し活がごはんを食べさせてくれるのかって？　ええ、そのとおりだ。

心配症の私は、キム・ヒジンさんを見ながら一人の時間に集中する方法を学んだ。無気力なときは何もせず、運動をするときはただ体を動かし、スランプが訪れたらそれをそのまま受け入れると言っていた彼女の言葉を思い出し、どうにかこうにか困難を乗り越えたことが何度かあった。楽しんで読んでくれている方々には申し訳ないけれど、私はこの本を書いている間ずっと、自分に対する自信を失っていた。私は今、何という有料ゴミを書いているのだろうと、ノートパソコンを窓の外に投げ捨てて泣きながら逃げ出したい気持ちになることが何度もあった。そのたびに「キム・ヒジンならどうしただろう」と考え、再びパソコンに向かった。たいていは本人の味方だけれど、ときどき他人の味方みたいにふるまう自分の体。だけど、その体をたしなめながら逃げることなく、やるべきことがあるのだということを認めて生きていく人。そんなスポーツ選手特有の強さを観察することによってこの本を書く力を与えられ、これまで読んだ数多くの本や同じ業界の先輩たちがかけてくれたどんな言葉よりも私に多くのことを教えてくれた。それでも不安なときは、キム・イナさんの勇気を借りる。揺れる自分の心をリスナーの前に果敢にさらけ出し、フリーランスだけれど決められた時間に起き、ノートパソコンの前に座って感情を文字にして、見知らぬ人たちと肩を組んでまた一日を進んでいく勇気を。そういう意味で推しは、日常の重要な瞬間において決定的なトスを上げてくれるセッターのようでもある。

私の見ていないところで積み重ねられていった彼女たちの人生が、あるとき私の日常に入り込み、私の人生に対する態度を変えてしまうなんてどれだけ奇跡的なことか。確かに同時代を生きていて同じようにカレンダーをめくるけれど、私は彼女たちと直接交流することは望んでいない。ただ、並行宇宙みたいに彼女たちがどこかで毎日元気よく目覚め、ぐっすり眠れることを祈るだけだ。私を感動させる試合や歌詞がどれだけ多くの時間を注いだ努力の賜物かと思うと、自然とそのすべての過程を応援したくなる。試合の成績がよくないと、それに失望するというよりは努力が必ず結果に結びつくわけではないという現実の厳しさを直視させられる。そんな戦いを続けてきて、これからも続けていく選手の今日を案じながら。誰よりも勝負に真剣なのは私ではなく選手本人なのだから、私まで彼女の成績に執着することなく、ひたすら無事を祈るのみだ。それに、ヒットを連発している作詞家だからといってすべての歌がヒットするわけではない。作詞という芸術に携わる人に音源の売上チャートを突きつけることは、時にはひどく無礼な行為になり得るのだと一人勝手にブチ切れている。「悔しかったら自分でボールを打てばいいでしょ。悔しかったら自分で歌詞を書け！」と。

「私の推したちよ、今日も大勢の批評にさらされながら無事に一日を生き抜くのに大変だったことでしょう。そうやって存在してくれるだけで心強く感じる私がここにいることをどうか忘れないで。今日もおつかれさまでした！」

心の中でそうつぶやきながら考える。私の最愛の推しは私なのに、どうしてこれまで自分に対してはそう思えなかったのだろう。どうにかこうにか今日一日を生き抜いたあなたは本当によく頑張った。今日すぐに成果を出せなくてもとりあえずおいしいものを食べて、時には他人の応援ですら重く感じるときは、それが好意であれ愛情であれ無視して抱かれたい人の胸に飛び込めばいいのだと、私の推しに言ってあげたい言葉を私にもしょっちゅう言ってあげなきゃと思うようになった。愛というのは最も好きなバージョンの私を引き出してくれるものだと本当に信じてきたけれど、そうであれば推し活はまさに寸分の疑いもない愛だ。

その愛の過程が与えてくれるものの中で最も気に入っているのは、人生の年輪が重なるほどにより立体的で複雑になっていく私のアイデンティティを「ファン」というものに単純化してくれることだ。三〇代のソウル在住の女性で、作家で、フリーランスで、エッセイストで、相手によって立場が上下することもあり、ポッドキャストの進行役で、次女で……。数多くの関係と脈絡の中でどう行動すべきかを秒単位で決めなければならない疲労感を一気に消し去り、ただファンというアイデンティティだけを残してくれる。私は「ミミズク大将」キム・イナの「星夜ミミズク（リスナーの愛称）」や「クマの大将」（どっちも大将だ！）であるキム・ヒジンの「心酔団（ファンの愛称）」であればよくて、この間に社会によって与えられた多くのネームタグはなくてもいい。ヨーロッパにいる高校生であれ、済州島《チェジュド》にいるお年寄りであれ、私たちは同じ対象を応援する人としてのアイデンティティと帰属意識を持ってどんなときよりもシンプルになれる。選手が得点したときのシンプルな快感と、DJの慰めの言葉によってもたらされるシンプルな安心感が直接胸に響いたときの喜びは表現のしようがない。「好きだ」、「ありがとう」、「幸せ」みたいな単純な感情が、損得勘定なしにインスピレーションに近い形で真っすぐ迫ってくる。いつも複雑な感情と向き合わなければならなかったり、そうした感情をおろそかにしたせいで自分が嫌いになる人たちにとっては、一方的に誰かに集中するシンプルな気分そのものがものすごく報いになる。一方的に誰かを好きになることは、一方的なことではない。私は推し活をする前よりも、誰かのファンになった自分が比べものにならないほど好きだ。

ところで、この生産的な感情をけなそうと躍起になっている人たちがいる。誰かの平穏無事を祈り、魅力を感じるその気持ちをすべて恋愛や結婚と結びつける人たちだ。「推し活のせいで恋愛や結婚ができないんだよ」と言いながら。そんな人たちに加えて恋愛・結婚至上主義者もファンたちのことを「推し活のせいで、恋愛や結婚みたいなないことをしないで生きている情けない人」とみなしがちだ。推し活をしている当事者からしてみれば、そんな理屈はまるで「両親を愛していながら同時に恋人も愛せるのか」

と聞くのと同じことだ。そんな人たちは相手に憧れ、大切に思う気持ちの多様性に対する理解がなく、単なる恋愛感情や性的関心などにひっくるめたがる。自分が経験したことのない他人の感情の最も怠惰な受け止め方だ。さっき私が説明した感情を夫から感じる人もいるだろうけど、ファンの大半が抱く感情は、相手が自分と近い存在ではないから感じるものでもある。暗転した客席からキム・イナさんを一方的に見つめることができるからこそ得られる安心感みたいに、相互の緊張感が排除された関係だけが持つことのできる特権が生じるわけだ。推し活は結婚の代わりにはならない。夫がいない代わりに推しがいるのではなく、ただ、夫はいなくて推しがいるだけだ。

興味深いのは、そんな偏見のある人たちは結婚しているファンのこともけなすということだ。「結婚してるのに推し活するのは、ちょっとどうかと思うけど」。ファンたちが推しと手をつないで役所に行き、重婚を試みようとしたとでもいうのか。結婚と無関係な感情を結婚とこじつけるなんて。これまで推し活をしたことがないから理解できないのだと言うけれど、それは違う。彼らは誰よりも結婚制度の推し活をしている人たちだ。そもそも推し活の核心は過度にのめり込むことだからだ。

そういう意味において、真剣に結婚の推し活をしている人たちに推し活の憲法ともいえる基本的なルールを思い起こさせてさしあげようと思う。推しは神が授けてくれるものであって、強要や説得によって得られるものではない。そんなに結婚の推し活がしたいなら私たちも邪魔しないから、お互いルールを守ろうではないか。すでに推しがいる相手に対する過度な「営業」は戦争を引き起こすから。

最後に親愛なる推しのみなさん、どうか元気でお過ごしください。よく寝てよく食べてくれることがファンサービスであり、ファンサービスに対する責任感に苦しまないことがまさにファンサービスなのです。私は自分が「キム・イナだ」、「キム・ヒジンだ」と思いながらひたすら自分を気遣い、健康な推し活のロングランを狙います。

この話の続きはまた明日。[*1]
明日も元気に。
Positive wave![*2]

＊1　『キム・イナの星が輝く夜に』のクロージングコメント。
＊2　「肯定の波」。キム・ヒジンさんが東京オリンピックのときにシューズに書いていたメッセージ。

非婚共同体

完璧に理解できなくても
完全に愛することはできる

ブックフェアに母が来た

先週末にブックフェアがあった。西村《ソチョン》にある「ベアーカフェ」で開かれた独立出版のイベントだった。私が運営している独立出版レーベル「アマルフェ」の本を持っていき、週末の二日をそこで過ごした。私のブースの隣には『季刊ホルロ』のイ・ジンソン編集長が座っていた。

独立出版のイベントで知り合い、『ビホンセ』の常連ゲストであり、いい仲間にもなってくれたジンソンは、(本人の表現によると)〝韓国社会の正常恋愛談論につばを吐く雑誌〟『季刊ホルロ』を作っている。恋愛しない自由を叫ぶ雑誌だというのだが、ここで言う「恋愛」は社会が正常と認める男女による恋愛に限定されていて、恋愛を必ずすべきものと規定し、恋愛至上主義を説きながら多様な恋愛を認めない世相を扱っている。ジンソンも『したければするだけ……非婚』(キム・エスンとの共著、アルマ、二〇一九、未邦訳)という本を書いている。ジンソンはわざわざ非婚を主張する「変わった奴同盟」

の仲間であり、大人になったテレビっ子でもある。私と共通点が多く、いつからか多くの仕事を一緒にするようになった。

　ジンソンと私が並んで座っているブースは「非婚ブース」みたいになった。週末に西村デートを楽しみに来たカップルから私たちの出品物は両極端の反応を得た。面白がって「ちょっと、これ買いなよ！」と相手をからかったり、見ないふりをして通り過ぎたり。以前に参加したブックフェアでは、『季刊ホルロ』を興味深そうに手に取る彼女の腕を、まるで発禁本を見ている人を取り締まるように彼氏が引っ張っていったこともあったが、今回はそこまで面白いカップルはいなかった。

　日曜日になると、解放村《ヘバンチョン》でセックストイショップ「ピウダ」を運営している「ピウダさん」ことヘヨンさんとヘハが来た。ジンソンとヘヨンさんは二人とも『ビホンセ』の放送を聴いて互いの声を知ってはいたものの、実際に会うのははじめてだったので顔よりも声に大きく反応し、マスクを着けていても二人はすぐに互いに気づいた。そんな中、母と父が現れた。

　母は「ソーニャ」という名前でビホンセに出演したことがある。そして、母と父は私の著書『歩いてお祭り騒ぎの中へ』（タル、二〇一九、未邦訳）に登場する人たちだ。本を読んだ友人はすでに母と父を知っていて、母と父が撮った写真を本で見ていて、私たち家族のヒストリーを知っていた。特に『ビホンセ』の「ソーニャさん」特集を聴いた友人は、母の口調までよく知っていた。そうやって『ビホンセ』の生中継みたいな場ができた。

　ありがたいことにジンソンは『歩いてお祭り騒ぎの中へ』を持ってきて母にサインを求めた。はじめてサインをする母は照れながらもうれしそうにしていたが、何と書いていいかわからず困っていた。母は「子《チャ》」で終わる自分の名前をいつも嫌っていて、私のポッドキャストではニックネームを使うことになったのだが、それがソーニャだった。だから母は、私の提案で「ソーニャ」とサインした。父は『歩いてお祭り騒ぎの中へ』の一場面のように、そんな母の姿を撮影した。

　ブックフェアに来たのだから本を買わなきゃと言って、母と父は『季刊ホルロ』をバックナンバーを含めて四冊買った。生涯、異性愛者として、子持ちの既婚者として生きてきて、非婚というものにも私を通してはじめて接した両親にとって「非恋愛」の概念が馴染みのあるものであるはずはないけれど、すでに『ビホンセ』を通してジンソンのやっていることをよく知っていた母は、その雑誌の中にどんな話があるのか、少しはわかっていたのだろう。二人はその日、『季刊ホルロ』を何冊も買っていった唯一の六〇代半ばの夫婦となった。

　近所に住んでいていつも私を気遣ってくれるヘヨンさんとヘハはその日も、すでに買った私の本をまた買い、コーヒーを差し入れし、一日中ブースを守っている私がお腹を空かせているだろうとふかしたサツマイモまで買ってきてくれた。そんな様子を母はとてもありがたそうに見ていた。少し前まで「ソーニャ」という名で私の友人に挨拶していた母は急に親モードになり、一人ずつ捕まえて話をしはじめた。

「ミンジはまだまだ至らないところがあると思うけれど、失敗しても温かい目で見守ってやってね」

母は私が学校に通っていたころのように、友人に私をよろしく頼むと言い、これまで私の側《そば》にいてくれたことと、私を彼女たちの側にいさせてくれたことに感謝の意を表した。

非恋愛の雑誌を発刊する友人、結婚しない友人、同性パートナーと結婚したけれど韓国では婚姻届が出せない友人。私がまだ幼かったころ、母は、婿の代わりに彼女たちに娘を頼むことになるなんて想像しただろうか。そして、その友人たちに「ミンジのお母さん」ではなく「ソーニャ」と呼ばれる日が来ることを想像しただろうか。主に孫たちの写真を撮っている父のカメラで、娘が恋人と別れた話とポールダンスを踊る話を書いた本を独立出版のブックフェアで売りまくる場面を撮る日が来ると想像してみただろうか。

俗に、非婚者は家族と疎遠になるものだと思われている。年中行事にもあまり参加せず、家族制度と距離を置いて一人だけの世界で生きていると。だけど、いつのころからか私は非婚である私の世界を両親に受け入れてもらうことが大事だと思うようになった。私たちは家族として結ばれているわけで、この先も家族として過ごしたいのなら互いの世界を理解する義務があるということを忘れないよう努力しようというわけだ。結婚主義者の夫婦の子として生まれ、四人家族の中で成長した私は、子供のころから韓国的な家族制度のルールに合わせ、季節ごとの風習や年長者に対する道理など、両親が重要だと考える価値観を家族の一員として学びながら大きくなった。

それと同様に、非婚者である私の世界にも家族が足を踏み入れ、学んでくれたらと思う。最初はそれを理解してくれる家族がありがたかったが、今はもう少し淡々と受け止めようと努力している。子供のころに両親から典型的な家族の形とルールを教えられたとき、それを当たり前だと思っていたように、私が選択した生き方を家族が受け入れることに恐縮したりありがたがったりするのではなく、それを自然な態度で見つめようと努力しているところだ。ありがたく思う代わりに私の世界を受け入れてくれた人たちを大切にし、私のやり方で愛さなければと思う。そして、その愛の表現方法の中の一つが、私の仲間を積極的に家族に紹介することだ。

『歩いてお祭り騒ぎの中へ』の素材となったスペイン旅行で、私は母と父に自分が何度か旅したスペインの魅力を教えてあげたかった。テレビで紹介されたものではなく、本に出ているものでもなく、私が好きなスペインの素朴な情緒を。母と父には不便なことばかりの個人旅行だったけれど、少なくとも二人は私のオリジナルコースを信じてついてきてくれた。信じてついてきて私が見たものを見てほしい、私が一人で見た風景を一緒に並んで見てほしいと言ったとき、それが私の思い出の一部だという理由だけで喜んで体験しようと努力してくれた。気に入ったものも気に入らなかったものもあるだろうけど、少なくとも私の思い出のかけらを共有することをあきらめないでくれたおかげで、その旅行は三人の胸に宝石のように貴重なものとして残った。それと同じ気持ちで母と父は、はじめて聞くことだらけの世界にいる私の仲間たちを、ただ、私と人生を共にしている人たちだと受け入れていた。「今度必ず、ミンジと一緒にお友達の店（セックストイショップだ！）に遊びにいきますね」と言い、恋愛至上主義者を批判する雑誌を買いながら。まったく知らない人たちであれば、大きな好奇心を抱いていてもどこからどう接していいかわからないような相手をぎゅっと抱きしめながら。それが家族を中心に考える「昔人間」の母と父のやり方だ。「家族なんだから、当然だよ。家族より大事なものはないんだから！」という気持ちで。

イベント会場の中でどこよりもバラエティーに富んだ世代のお客さんが集まり、熱い家族愛を見せていたのは、ほかでもない私たちのブースだ！　驚くことは一つもない。嫁に行くという古い表現を借りるなら、私たちはどこにも行かない人たちでもある。家族関係証明書によれば、まだ原家族の両親の下にいる人たちであり、していないのは結婚だけだ。ただ、互いの本来の姿や今の状況をあるがままに受け入れ、持っているすべてを大事にしつつ仲間を増やしながら日常を営んでいる人たちでもあるのだ。

ブースに来てくれたみなさん、ありがとう。私の人生の一コマに訪れてくれて本当に感謝しています！

一緒に越えていく日曜日

「私、今起きたよ！　また後でね」

「私は起きてから七時間。へへっ。出発するとき、連絡するね」

どこかに集まり、それぞれが抱えている原稿を一緒に書くことを通じていい友人になった作家のホン・スンウン、ホン・スンヒとジンソンがうちに遊びに来る日だ。ジンソンは『季刊ホルロ』一六号の締め切りが迫り、ホン・スンウンはポリアモリーエッセイ『二人の恋人と暮らしています』（低い山、二〇二〇、未邦訳）を出してから、今年だけで三冊の単行本の刊行を控えていて、作家兼巫女《ムーダン》であるホン・スンヒはエッセイを書いている（当時、執筆中だったエッセイは『神様が見ている』というタイトルでのちに刊行された）〔著者名のホン・カルリは筆名。同書は二〇二一年にウィズダムハウスから刊行された〕。

夜型の私とジンソンは、たいてい朝一〇時から一一時が起床時間で、スンウンとスンヒ（以下、ホンスンズ）はなんと、朝四時に起きる。約束の時間をお昼の一二時にしてあったので、いつもの時間に起きていては準備が間に合わないと思ってすっかり緊張し、アラームなしで目を覚まし、急いで部屋を片づけた。起きてすぐに家を出たというジンソンは花束を手にやってきて、昼寝の時間を削ってわが家に向かったホンスンズも到着した。ホンスンズはスンウンの二人の恋人を含め四人で暮らしている。久しぶりにソウルのホットプレイスである解放村に来たホンスンズは、玄関からさっそく「うわぁ」と叫びながら入ってきた。四人で二階建ての格好いい家に住んでいる人たちが、坂道に面した小さな家に入ってきて不思議そうにしている姿を見ていると、私のほうが不思議な気がした。スンウンは布製のポスターをお土産に持ってきてくれた。それには「Beyond Anxiety（不安を乗り越えて）」と書かれていた。不安を抱えて暮らすスンウンが、不安を抱えて暮らす私にくれた格好いい絵。以前に趣味の教室で描いたモンステラの水彩画が飾ってあったのを外して、もらったポスターを貼った。とくに家の中で無気力と憂うつに襲われがちな私にとってお守りみたいな存在になりそうだと思った。

私たちはポッドキャスト『ビホンセ』で家族について話をしたことがある。二時間ほど家族について話をしながら私たちはそれまでよりずっと親しくなり、少し前にスンウンとスンヒが経験した悔しい出来事について話しているうちに今日集まることになった。

場所がわが家に決まると、望遠市場《マンウォン》に寄って春セリを花束にできるほどたっぷり買ってきた。しゃぶしゃぶにすればよさそうだと思った。

「気晴らしに、会って一緒に原稿でも書こう！」

単行本の刊行に向けて書かなければならない原稿がある女性作家四人は、そうやって解放村で会った。お昼はモロッコサンドイッチの店で食べた。隣のテーブルには赤ちゃんを連れた私たちと同じぐらいの人数のファミリー客がいて、私たちはその子と目を合わせて遊びながら食事をした。お酒を飲むのは私だけなので一人でビールを飲んだけれど、誰も気を使う人がいなくて楽だった。近所のセックストイショップ、ピウダにヘヨンさんが用意してくれたプレゼントを受け取りにいく途中、たばこタイムが必要な人がいて一緒に喫煙コーナーに行くと、傍らに近所のおばあさんが作っている畑があった。そこに、コーラル色のチューリップがアンバランスな感じで咲いていたので、写真を撮って家族のグループトークに送った。私以外の家族全員、花や植物が大好きだ。私は花を見るたびに写真を撮る家族のことが理解できないが、そのチューリップを見ているうちに家族の誰かがいたらきっと写真を撮るんだろうなという思いがよぎった。花を愛《め》でる喜びはよくわからないけれど、花を愛でる喜びを感じている家族の顔は好きだ。母、父、姉が取りそうな体勢で私も写真を撮り、グループトークに送った。母はきれいだねと言い、姉はチューリップは球根植物だからどこからか移植したんだろうと言った。球根植物が何なのかもわからないけど調べる気もない私は、姉は本当にいろんなことをよく知っているなと感心しながら話を締めくくった。

私は観光ガイドのように近所のヴィーガン食料品店兼カフェにお客さんたち（！）を連れていき、一緒に飲み物を頼んでノートパソコンを広げた。オンラインでときどきやっていた、みんなで一緒に五〇分書いて一〇分休むというのをそこでもやってみた。一生懸命やればしゃぶしゃぶがもっとおいしくなるだろうと励まし合いながら。そして、ヘヨンさんに、私の好きな彼女の伴侶犬、ヨルムとタンビを散歩がてら連れてきてほしいと連絡し、到着を待ちながら三人の作家に囲まれてこの本を書いた。

ふと、こんなふうに暮らしていけばいいんじゃないかと思った。お互いの不安やプレッシャーや仕事や感情を理解してくれる人と並んで座り、黙々と自分のモニターに集中していてもすてきな日曜日になる、そんな日々をつなぎ合わせながら。恋人が二人いても、一人もいなくても、家族とけんかしても、今日は心温まる一日だったとしても、いずれにせよ書かなければならない原稿があるというプレッシャーに押しつぶされそうな日常を共に乗り越えながら。時には私の家に招待し、当たり前になってしまった部屋の風景がどれだけ特別で心地いいかをあらためて実感し、時には誰かの家に行ってそこにあるすてきな小物のようなささやかな幸せをホカンス〔ホテルで過ごしながらバカンス気分を味わうこと〕のように満喫したりもしながら。一つの塊のように見える四人の非婚の女性作家が、実はどれだけ違っていて固有の存在であるかをあらためて確認しつつ、今の私を構成しているちょっと風変わりなところにも安心し、そこからまた勇気を得ながら。

自分という存在について書く私たちは、意外に不安と自信のなさに苛まれている。人は本やコラムを書いて世に出すこと自体、自分への確信があるからだと思うだろうけれど、実際は寂しいがゆえに虚空に向かって叫ぶ行為でもある。「あのう、私はこういう人間なんですけど、本当に私みたいな人はこの世に一人もいないんですか？」。私がこう叫べば、少なくとも一人は反応してくれるのではないかと期待しながら。広い大海原で座礁した一艘の船が、受信者がいてもいなくても救助信号を送り続けるように、私たちの書くものは切実でもある。

結婚する気がなくて、フェミニストで、社会が正常恋愛だとみなす範囲の外側の話をしたくて、神のお告げを受けるムーダンで、二人の恋人と暮らしているポリアモリストで……。格好いいと言われる多くの作家たちは、じつは全然格好よくなくて、だから他人にすがる気持ちで書いている。世の中が普通だと信じてきたのと違うやり方で生きている私たちがこうして話し続ける理由は、そんな生き方に鋼鉄のような強い安定感を覚えるからではなく、仲間を呼び集めて不安を減らしたいからでもある。その過程で評価され、失敗し、他人の評価に萎縮してしまう自分を情けなく思いながらも書き続ける理由は、今、このテーブルを仲間と一緒に囲んでいることによってもたらされる甘美さを手放すことができないからだ。ときどき返ってくるたった一つの反応が、とても満ち足りた喜びをもたらしてくれるからだ。

同じテーブルでパソコンに向かっているスンヒが書いているのはムーダンエッセイだ。神のお告げを受けてムーダンとして生きている話を書いている。いつだったかスンヒは、私のことを占いながら、港みたいな人だと言ってくれた。まわりに人がたくさんいるのが見え、大勢のネットワークを結ぶ中心人物だと。ある夜、その話が私の抱える不安と結合して眠れなくなってしまった。船が入ってきて人が集まるということは頭の中から抜け落ちて、私は絶えず誰かを見送る存在なのではないかと思えたのだ。それまでしてきた恋愛のうち、特に短かった恋愛や恋しさがもたらす喜びと悲しみを強烈に植えつけられた遠距離恋愛の思い出に浸りながら。そんなふうに夜を明かすと、私に近づいてきたり、停泊している人たちが朝の挨拶をしてくれる。すると、心の不安はちょっと鼻白んだような感じになり、私はまた話の続きをはじめる。

日曜日の昼下がりにソウルのど真ん中で私は、コーヒーカップを傍らに穏やかな気持ちで原稿を書きながら記憶の中にある不安を愛に乗せてあなたに信号を送っている。よく眠れなかったあなた、それでも目をぎゅっとつむって長い夜を耐え抜いて起き上がったのは本当にすごいことですよ。今日も一緒に信号を送りましょう。そしてときどき、甲板に出てみようではありませんか。私たちがいた場所は海ではなく港だったのかもしれないし、ふと我に返ると無数の船が停泊していて私たちの存在そのものがもっと確かなものになっているかもしれないから。違う生き方をしているからといって、別に堂々としていなくても、格好悪くても構わない。ありのままで生きていけてこそ公平なのだから。

「わあ、一緒にいるからすらすら書けるね。ゴミみたいな文章をいっぱい書いちゃった。スンヒ、ちょっと読んでみてくれる?」

スンウンはいつも草稿を「ゴミ」だと言う。いくら人が褒めてくれても自分はゴミだと思いながら書き続け、肌がひりひりするような気持ちで両こぶしを握りしめたままフィードバックをぐっと飲み込み、結局は顔を知らない読者に勇気を与えるきらきらした文章を届けること。それはスンウンがくれたポスターに書かれている文言のように不安を乗り越えていくことだ。

“Beyond Anxiety”

その言葉を噛みしめながら、私は映画『食べて、祈って、恋をして』（二〇一〇）に登場するイタリア語の台詞《せりふ》を思い出した。

Attraversiamo.

アットゥラヴェルシアーモ。

「さあ、越えましょう！」

午後四時三〇分。私を受け入れてくれた空間と私のまわりを占有した友人と、大好きなよそん家《ち》の愛犬と、畑に忽然と植えられたチューリップと、私と違ってそれを愛する家族たち、そして、この本を読んでいるあなたと一緒に私は日曜日を越えている。

不安を越えて、一緒に越えていこう。

アットゥラヴェルシアーモ！

笑っているうちに一緒にいかだの上に、しかもこんなに遠くまで

カンガルーさんと私は大学時代にはじめて出会った。彼女をカンガルーさんと呼ぶのは、私が『ビホンセ』をはじめたころ、ニックネームが必要だった彼女に両親と暮らしているカンガルーの非婚放送作家という意味でカンガルー作家とつけてあげたのがはじまりだ。強烈な個性の持ち主でどこへ行っても負けない両親と今も一緒に暮らしている彼女は、カンガルーの温和さを失わず、親の手料理つきの生活を送っている。一人暮らしの私と彼女は互いをうらやましがり、時には互いの居住形態の欠点に疲労感を覚えながら、各自の暮らしにそれなりに満足して生きている。

私はカンガルーさんの一年後に大学に入り、新入生のオリエンテーション合宿をはじめとするあらゆる学科活動を共にした。カンガルーさんとはじめて出会ったときのことは、はっきりと思い出せない。ただ覚えているのは、彼女はいつもお腹がよじれるほど

笑っていたということだ。私は背が高くて色黒なのでどこへ行っても目立ち、あのころも今もあまり笑わないほうだが、カンガルーさんはいつも声を立てて笑っていた。リアクションが大きく、好きなこともたくさんあって、些細なことも楽しむ人だった。年子姉妹の末っ子として育ったからか、一つ上の女性の先輩は毛玉のたくさんできたお気に入りのパジャマみたいに気楽な存在だった。お酒の好きなカンガルーさんは、私がまだ自分の酒量もわからないのにプライドばかり高くていつも最後まで飲んでいるのを一種の義理と受け止めていて、私は、カンガルーさんがお酒を飲むたびにいつにも増して大声で笑い、より壮大な黒歴史を作りながらも自分と他人の酒癖に寛大なところが好きだった。お気に入りのパジャマみたいな彼女は、だんだん毛玉を増やしながら私の体になじんでいった。

私たちは似た時期に恋愛し、ぽちゃぽちゃ太り、酒量も一緒に増えていった。カンガルーさんは中高時代、アイドルグループ、ジェクスキスのウン・ジウォンが好きで、私はH.O.T.のトニーが好きだったが、大学に入ってからはカンガルーさんと一緒に当時「一日だけ君の部屋のベッドになりたい」と歌っていた東方神起のにわかファンになった後、オンラインゲームのスタークラフトにはまってプロゲーマーたちを応援した。私は、大学のテキストを専門に扱う書店に一冊だけ入ってきたイム・ヨファン〔二〇〇〇年代に活躍したプロゲーマー。無敵の強さで数々の記録を打ち立て、芸能人並みの人気を誇った」の自叙伝『俺ぐらい狂ってみろ』（ブックロード、二〇〇四、未邦訳）を買い、カンガルーさんはプレゼンの授業で、「プロゲーマー、パク・ジョンソク〔イム・ヨファンのライバル的存在〕の両親に結婚を承諾してもらう方法」をテーマに発表した。はじめてのヨーロッパ旅行に一緒に行き、似たような時期に社会に出た。

当時の私はやりたいことは多いものの何をすればいいかわからず、同期たちと同じようにTOEICの勉強をし、足りない単位を集中講義で埋めて、ある企業に入社した。カンガルーさんはフリーの放送作家になった。放送局の試験を受けてプロデューサーとして入ればいいのに、どうしてフリーランスの道を選ぶのかとまわりからいろいろ言われたけれど、カンガルーさんは「かわいいアイドルに『作家のお姉さん』と呼ばれてみたいんだ」と笑いながら答えた。考えてみたら、カンガルーさんはいつもそんな人だった。面白いことにはまると、後先考えずにひたすら前に進む人。スペインで低脂肪牛乳を買うとき、スペイン語ができなくて変なゼスチャーをしてみせて大笑いされたときも、肩幅の広い私の同期に好きだと言って突進したときもそうだった。カンガルーさんがその子を本気で好きだったと私たちが知ったのは一〇年ほど過ぎてからで、作家になった理由を話したときのように、笑わせようと言っているのだと思っていたのだが、じつは本気だった。

好きなことを仕事にするなんて。それってあり？　大学時代、知り合いの中にそんなふうに生きている人はほとんどいなかった。今まで培ってきた実力で最大限の給料をもらえる職場を選び、好きなことは趣味として楽しむのが最も安全な公式のように思えた。そして、会社に入ってからやっと気づいた。それは、安全なのではなく、毎日を持ちこたえる筋力と忍耐力を養うものだということに。でも、私にはそんな筋力はなかった。少なくない給料をもらいながら、なぜこの仕事をしているのか、理由を見いだせなかった。いい先輩たちのおかげですぐに職場に馴染めたけれど、空虚なのには変わりない。そのころ、カンガルーさんは急いで会社員を手配しなければならない番組を担当していて、私は同期を残らず紹介してあげた。急いで撮影に行かなければならないのに住所を忘れたとSOSがあったら、仕事中でもこっそり調べて教えてあげたりもした。当時、片手間にやっていたのが社内のメーリングサービスだった。アイドルグループの名前を早く覚える方法、今週の話題の投稿、感動的な話などをまとめて送りはじめた。最初は同期を中心に送っていたのだが、要望を受けて次第に読者が増えていった。それが、かなりバラエティー番組の作家っぽいコンテンツだったと気づいたのはずっと後のことで、当時はもともとテレビっ子で生まれつきのミーハーだからだと思っていた。

そのころ、私は退職の意志を固めていたけれど、すぐに何かをはじめようという計画もなかったので、来る日も来る日も実習に臨むような気持ちでいろんなことに挑戦した。スペインが好きだからスペインで暮らそうかと考えて語学学校に通い、高校のとき、音楽科に進みたかった夢を思い出してギターも習った。スポーツクラブにも通い、できることは何でもやってみた。そんな中、以前、カンガルーさんに同期を紹介した番組の撮影スタジオに行ってみたいと彼女に頼んで見学させてもらった。

カンガルーさんはその前日も徹夜だったのか、ミリタリーコートに楽ちんなパンツという組み合わせの、彼女がよく言う「よれよれファッション」で飛び回っていた。見ているほうが疲れるほどカンガルーさんの仕事は多かった。そんな中でも、カメラの後ろに立って大学生のときみたいにお腹がよじれるほど笑っていた。今にも死にそうな顔をして立っていても、先輩に呼ばれていっておどおどしながらクリップボードを抱えて立っていても、何か面白いことが目の前で起きるとまた楽しそうに笑った。

「私も放送作家をやってみようかな」
「やりなよ。才能あると思うよ」

本当にできるだろうか。やりたいからってやってもいいものなのかと思いつつも、お気に入りのパジャマみたいなカンガルーさんが一片の迷いもなく返事をしてくれたので根拠のない自信がわいてきた。もしかすると、母と父よりも私のことをよく知っているかもしれないカンガルーさん。ある日、私はお酒を飲みながらあの日撮影スタジオであった面白い話を聞いて大笑いし、そして言った。

「わあ、ほんとに笑える。私もやってみる！」

人を笑わせることに対して何もそこまで真剣でなくてもと思うけれど、考えてみれば私だっていつもそうだった。高校三年のとき、勉強に集中するのだと言って一週間に一時間だけテレビを見ていたのだが、それが人気お笑い番組の『ギャグコンサート』だった。会社生活は、これまた人気のバラエティー番組『無限挑戦』で耐えた。「職場なんてどうせどこも同じだ。仕事以外で笑えることが頻繁にあれば、あんなにいい職場はないよ」と思うと心が軽くなったものだ。

退職金を全部持ってアイルランドに行き、ビールにそれを費やし、カンガルーさんと一緒に行ったスペインを一人で二〇日間かけて周りながら、「よれよれファッションライフ」をはじめる準備をした。ついに逃げ場のない「プータロー」になった。放送作家アカデミーに登録したものの、カンガルーさんがすぐに仕事を紹介してくれたおかげで、アカデミーの同期より少し早く作家生活をはじめることになった。もう一〇年以上この仕事をしているが、今まで一度も後悔したことはない。つらいことはたくさんあったけれど、辞めたいと思ったこともない。

アイルランドに行ったとき、すでに退職のことなどであれこれ驚いていた母と父は、いったい娘は何をしているのだろうかと不安がっていた。当時はダブリンに関する情報も少なかった。そこで、安否確認などもろもろを兼ねて毎日のことをブログに書いていたら、最後の章を書き終えたところで出版社から連絡があり、運よく最初のエッセイ集を出すことになった。その後、何度かコラムや共著を書きながら放送作家の仕事を並行していたのだが、番組のワンクールが終わったときにちょうど父が還暦を迎え、両親共に旅行に行きたがっていたので、暇を持て余している私がガイドすることになった。私たちはお祭り騒ぎの還暦パーティーをスペイン旅行に代え、その話を毎週水曜日にウェブ連載して『歩いてお祭り騒ぎの中へ』を刊行した。その本の最後の章を書いていたころ、恋人と別れたせいで完全に落ち込み、愉快な家族エッセイの最後の部分を完成させられないまま無気力な日々を送っていた。頭の中を駆け巡っている考えをどこかにぶちまけてしまおうという思いで毎日の気持ちを綴った『今日、別れた』をはじめてのインディーズとして世に出し、人生ではじめて長く続けている運動の話をまとめたエッセイ集『私は悲しいとき、ポールダンスを踊る』を刊行した。

カンガルーさんと私は同じ番組の仕事はしなかったけれど、互いに必要な作家を紹介したり、その都度助け合ったりしながら共に成長した。忙しいときは、自分のスケジュールがどうなるかすらわからないことを互いに理解していたので、数か月顔を見られないことがあっても気にしたり、気まずくなったりすることはなかった。そうしているうちにコロナの時代に突入した。当時私はひどいバーンアウト状態で、作家生活一〇年目にしてはじめて次のプロジェクトが決まっておらず、仕事を完全に離れて短い休暇を取っているところだった。少し休もうと思っていたのが長引いて、過去最大の空白期間を記録していた。一方のカンガルーさんは当時、野外バラエティーの制作班に入って企画を進めていたのだが、コロナのせいで初回の撮影が無期限に延長され、事実上の無職状態となった。

「することがないからポッドキャストでもやろうかと思うんだけど、ゲストに来てもらえる?」

「私が? 私が行って何を話すのよ」

「自分たちが楽しければ、それでいいじゃない」

「そんなの誰も聞かないよ」

「だったらなおさら好都合だよね、ゲストになってよ。仕事もないんだし。ビールをおごるからさ」
「ＯＫ」

『ビホンセ』のヒットメーカー、カンガルー作家はそうやって誕生した。仕事がなくて時間も余っているから、家でごろごろしてストレスを溜めるぐらいなら会って話でもしようというのが企画の趣旨だといえばそうだった。私たちはポッドキャストをしながら暗黒期を一緒に過ごし、ようやく状況が少し落ち着いてカードの引き落としにも支障がなくなったころ、番組が復活しはじめた。おかげでまた台本を書く機会が増え、再びコラムや本を書きながら放送作家としての毎日を過ごしている。

ときどきこう思う。カンガルーさんがあんなに愉快な人でなかったら、地獄の下っ端時代にろくに洗えない髪をべたつかせ、それでもにこにこ笑っていなければ、無職の時期を笑って乗り越えようという発想に同意してくれなかったら、私は今の私ではなかっただろう。今までカンガルーさんの側でお腹がよじれるほど笑いながら、何とかなるだろうと思って生きてこられたから。

カンガルーさんは本当にすてきな仲間だと思う。一緒に乗っているいかだの上で私が彷徨《さまよ》っているような不安を感じると、とりあえず寝転がって空を見あげさせてくれる人。どうせ今すぐできることがないなら、目の前にあるいちばん楽しい風景を思いきり見てみようとする人。笑っては忘れ、笑っては忘れ、そうやって過ごしていれば自然と消えていく心配事もあるし、笑えることを追い求めながらとりあえずできることからはじめれば、道が開けることもあると教えてくれた人。バラエティー番組を作る才能を生まれ持った人。おかげで、漂流していた私が彼女と同じ道の出発地点からこんなに遠くまで、私なりのスピードで歩いてくることができた。


「だけど私……『ビホンセ』のゲストとして出続けて、結婚したらどうなるの?」

「『ビホンセ』の名前で花輪を贈ってあげるよ。『彼女はいいゲストでした……』って」

「それいいね。でも、あれこれ言われないかな」

「別にいいじゃない。結婚式の週に出演してもらってネタにさせてもらうよ」


結婚をネタに笑えるはずだ、カンガルーさんなら。何だってできないことはない。

知らない犬と飛行機に乗った

会議が流れて今週は一人黙々と仕事をすることになり、済州《チェジュ》にやってきた。一人暮らしのいいところは私が望めば、あるいは条件が整えば、いつでも行きたいところに行って過ごせるということだ。同じ理由で、いつでも私を受け入れてくれる大好きな先輩たちの家にお世話になりながら仕事をし、おいしいものを食べて、犬の面倒を見ながら過ごした。二軒の家を行き来しながら計五匹の犬と一緒に過ごしたのだが、最後の日は、ソウルに出張中で、いつも済州に行くたびに部屋を提供してくれるジエアさんに代わって三匹の犬（バンダル、モンシル、ホンスク）の面倒も見た。当時、ホンスクはシロップ薬を服用中で、ジエアさんに言われたとおりドッグフードに混ぜてみたけどうまくいかなくて苦労したが、最終的には鼻に塗ることで何とか成功した。寛大でおとなしい珍島《チンド》犬の子犬は、大きな瞳で面倒くさそうに私をちらっと見ると、鼻に塗られた薬をペロッときれいに舐めてくれた。

済州からソウルに戻る日は緊張して寝不足だった。人生ではじめての「移動ボランティア」をする日だったからだ。『ビホンセ』を通して知り合ったリスナーさんのインスタグラムのフィードで、保護した子犬をソウルにある保護犬シェルターに送り届けるボランティアを探しているのを見つけ、「国内にも移動ボランティアがあるんだ！」と知って驚き、五〇分もあれば着くから、きっとうまくやりこなせるはずと応募した。わくわくしながら早めに空港に到着し、朝ごはんもしっかり食べた。犬を預ける手続きを手荷物と一緒に済ませなければならないので、子犬の保護者さんとカウンターで待ち合わせることにしていた。

誰かが遠くから私のほうに近づいてきたのだが、子犬を見てすぐにその人だとわかった。珍島犬のミックス、ボミ。まだ生後三か月だけれど中型犬なので、抱くとかろうじて胸に収まるぐらいの大きさになっていた。黒いマスクに黒い服を着てきたことをちょっと後悔した。その子が保護されるまでにどんな服装の人にどんなふうに傷つけられたかわからず、恐怖心を与えてしまうのではと思ったからだ。犬の同伴誓約書にサインし、ボミの体重を量ってから私の荷物を預けた。ティーウェイ航空を利用したのだが、プレゼントとして伴侶動物用品のサンプルとボミの名前が書かれた航空券ももらった。

本来は専用の紙の箱に入れなければならないが、ボミにはその箱は少し小さかった。

入らないわけではなかったけれど、ぴったりすぎて座ることも寝返りを打つこともできそうになかった。ボミが空港に来るときに入っていたキャリーバッグごと機内に持ち込むことになった。保護者さんは、保護されたときに比べてすっかり元気な様子で毛もふわふわになったボミをなでながら気をつけてねと声をかけ、それを見ているうちに涙が出そうになった。一つの短い縁がまたこうして遠ざかっていくんだな。ボミを抱えてゲートへと移動しながらそう思った。

ボミと一緒に移動する間、空港のスタッフたちはボミがかわいくて仕方ない様子だった。ボミをキャリーバッグに入れてファスナーを閉じたまま検査台を通るときは、入るところでも出たところでもスタッフが小さな声で「きゃーっ、かわいい」と言いながら歓迎してくれた。その間誰も、大きな声を出したり勝手に触らずにいてくれて、とてもありがたかった。ボミは空港に来たときから震えていて、キャリーバッグにも慣れていないようだった。私は機内に入る直前までボミを胸に抱いて搭乗を待っていた。

「大丈夫、大丈夫だよ。早く行こうね」

声をかけながらなで続けた。慣れない状況に置かれた言葉の通じない相手を安心させるにはどうしたらいいだろう。私がボミにかけた言葉は、とても小さくて無力な存在を抱きながらどうしていいかわからない自分に向けて言っているようでもあった。搭乗がはじまったが、列に並ぶにはボミをキャリーバッグに入れなければならない。かわいそうなのでしばらく抱いたまま座っていた。そして、列が短くなるとキャリーバッグに入れて機内へ移動した。

「離陸したら足元に置いてくださいね」

幸い、客室乗務員は離陸直前までキャリーバッグを隣の席に置いておけるよう配慮してくれた。頭だけ出せるようにファスナーを少し開けておき、ボミと目を合わせながらボミの背中が当たっているバッグの上に手を添えた。「大丈夫、大丈夫」。何度か「大丈夫」と言っているうちに離陸時間が近づいてきて、ファスナーを閉じた。ずっと首に力をこめてバッグに入らないようにしているボミを見ているのがつらかったが、安全のためだから仕方ない。そもそももっと前からファスナーを閉じておくべきだったが、ボミがあまりにも震えているので安心させてやりたかったのだ。何とかファスナーを完全に閉じ、ボミを足元に置いた。

離陸のとき、轟音と振動に驚いてボミがバッグの中で動いた。私はいつも離陸のときは寝ているのだが、私とボミでは持っている情報量が違うのでボミが驚くのも無理はない。今、どんな恐怖の中にいるのかと思うと絶望的な気持ちになった。ボミが背中を伸ばして立ち上がるたびに、バッグ越しに背中をなでてやった。やっと離陸の轟音が消えると、ボミがキャリーバッグの中で動きはじめた。「お願いだから、あきらめて！」。祈るような思いだった。「どうか、ここから出られないということを五〇分だけ受け入れて」。私はボミが立ち上がるたびに背中に手を当ててテレパシーを送った。

「五〇分だけ、五〇分だけ我慢しよう」

そうして、ボミの視線と私の視線がしばらくぶつかった。キャリーバッグのメッシュ部分を間に挟んで私とボミは、少なくとも一〇秒近くお互いを見つめていた。黒いマスクをしているうえに、もともとどちらかというと目つきが鋭い私は、ボミが怯えていたらどうしようと心配になった。しばらく忘れていた外見コンプレックスが蘇った。私はなぜパク・ボヨンやスジのような優しい笑顔の持ち主ではないのか、私はなぜ目で笑っただけで穏やかな印象を与える顔を持てなかったのか。そう思いながら最大限目元に笑いを浮かべた。静かにこくこくとうなずいて見せ、「よしよし、大丈夫だよ」という気持ちをまなざしに込めた。だけど、ボミと私は種が違う。「こくこく」を好意として受け止めてくれるだろうか。攻撃の印だと思われたらどうしよう。あー、情けない。どうして私は犬じゃないのだ。
ボミが今度はキャリーバッグのメッシュが突き出るほど頭を押しつけ、まっすぐ立ったたまま私を見つめた。メッシュの上からボミの頭をなでながら「よしよし、いい子だね」と言い続けると、ボミはしばらくじっとしていた。気持ちが通じたみたいだ！　ところが、すぐに向こうを向いてしまい、「やっぱり気のせいか」と思ったその時、狭いキャリーバッグの中でばたばた動いたかと思うと、私と向かい合えるように体を丸めて座った。胸キュンだ！　そうしてしばらく私を見つめると、あきらめたのか、もう安心してもいいと思ったのかボミはもう一度立ち上がり、その場でくるりと回ってからしゃがみ込んだ。そして、あごをバッグの底につけて「ふーっ」とため息をついた。やった！　これで一安心だ。

だけど、何てかわいそうな運命なんだろう。ボミのまなざしに一喜一憂するような、私みたいな超アマチュアの移動ボランティアに託されて、金浦《キンポ》空港に到着するまで空中に浮いた状態で。どうしてボミはこんなに小さくか弱くて、私はこんなに頼りないのか。済州空港に向かっているときは飛行機の中で吠えたらどうしようと心配だったけれど、今見ていると、吠え方を知っているのかと思ってしまうほどだ。ボミ、お前は自分を守る最小限の意思表示の仕方も知らないまま、私と一緒に空を飛んでいるんだね。

しばらくすると着陸のアナウンスが聞こえてきた。着陸だなんて！　ボミが床の上にいるのに。離陸のときも怖がっていたのに、着陸はどんなに恐ろしいことだろう。「機長さん、どうかソフトランディングをお願いします。羽毛の上に舞い降りるようにそっと着陸してください。その代わり、次に私が飛行機に乗るときは絶叫アトラクションみたいに、二倍激しくランディングしても構いません。私は人間ですから。これから何が起こるかわかっている人間ですから。でも、ボミは地球が滅亡するのかと思うかもしれません。だから、どうかソフトランディングを！」

飛行機は無事に着陸し、ボミは少し驚きはしたものの、とりあえず足元のキャリーバッグをひざの上に載せてあげられると思うとほっとした。機体が完全に止まると、私はキャリーバッグをひざの上に載せ、ボミが少し顔を出せるようにファスナーを開けて窓の外を見せてあげた。幸い、ボミはもう震えていなかった。

「頑張った、よく頑張ったよ」

ボミの頭をなでながら言ってあげた。それも自分に向けた言葉だったかもしれない。

たった三か月の短い人生で死の危険を乗り越え、保護された後も何度も別れを経験してきたボミが飛行機にまで乗せられて……。胸が痛んだ。この子の身に起きたことの中で、自身が納得したことはあっただろうか。

「ゆっくり降りようね」

シートベルトの着用サインが消え、乗客が一斉に立ち上がった。混雑する列に並ぶのは、さらに息苦しくて暗いところにボミを閉じこめておくことになるような気がしてためらわれた。我先にと降りようとする人たちの間に挟まって並ぶぐらいなら、少し空《す》くまで待ってからそっとボミを連れて出ようと決めた。小さくてか弱い存在と一緒にいると、見慣れた日常の風景がすべて危険に感じられた。

乗客が減っていき、私は顔をちょこんと出したボミのキャリーバッグを胸元まで持ち上げた。客室乗務員はボミを温かく見つめながら挨拶してくれた。ボミがふらふらとキャリーバッグの中で立っているのが感じられ、ゲートと機体をつないでいる通路を抜けるとすぐにボミをキャリーバッグから出して抱いた。ムービングウォークの上で姿勢を整えているとボミがあごを私の肩に載せ、その瞬間、わっと涙が出そうになった。短かったけれど、恐ろしい時間を共に過ごしながら築いた小さな信頼を実感したからでもあり、ボミがついに心を開いてくれたというのにもうすぐ離れ離れになってしまうからでもあった。手荷物受取場へと向かうにつれてボミとの別れが近づいていた。胸にしっかり抱かれたボミと、ボミとの別れに向かって歩いていく私。神経と筋肉が別々の心と目的を持って動いていた。私の体の中にある大きな世界が激しく揺れていた。この子が今この瞬間、唯一頼りにしている私ともすぐに別れなければならないなんて。この子の人生にはこの先幾度の別れが待っているのだろう。

「きっといい飼い主さんが見つかるはずだから」

最後にもう一度、胸に抱いたボミに語りかけるように自分に言い聞かせた。「ボミはきっといい飼い主さんのところに行けるはず。だから、あまり悲しまないで」。荷物を受け取り、ボミを抱いて到着ロビーに出ると、保護犬シェルターまでボミを連れていってくれる移動ボランティアさんが近づいてきた。家族が私を迎えにきていたが、電話を取る余裕がなかった。移動ボランティアさんがボミを抱き取った。空港の前で長時間駐車することもできず、短く挨拶した。もし、その挨拶が長かったとしたら、それはおそらく自分のためだったのだろう。私はボミとすれ違った人のうちの一人となり、やっとスマホを確認して家族と合流した。

それから数日の間、私はボミのことを考えながら自分の人生についても考えた。私がボミを育てられないだろうか。いや、無理だ。それは、私が済州に行けたのと同じ理由だ。私は一人暮らしの中でも家にいる時間が短く、海外も含めて出張が多く、生活パターンが不規則で、ボミを育てるのに適した居住形態でもなく、そもそもこのマンションでは伴侶動物を飼うことはできない。そんな暮らしが、あるときは私を幸せにしてくれるけれど、あるときは私を悲しみに浸らせる。私たちはそれぞれの人生の形について正しいとか間違っているとか問いただしたり、優劣をつけることはできない代わりに、自らの選択した人生がもたらす悲しさや物足りなさに耐えなければならない。結婚していてもしていなくても、フリーランスでも正規雇用でも、自分が選択した人生に責任を負って生きていかなければならない。

インスタグラムを通してボミの消息を知ることができた。大きな庭のある保護犬シェルターで、ほかの犬たちと一緒に走り回りながら飼い主が現れるのを待っていた。その姿を見て私は気持ちが楽になった。その一方で、そこはあくまで一時的な居場所であり、いつかはそこを離れなければならないという事実にやるせなさを感じた。でも、すてきな飼い主とボミの縁がつながっていく過程なのだと思うと少し慰められた。

人生はさまざまで、全員が伴侶動物の生涯のパートナーになることはできないけれど、世の中はいつもいいサポーターを必要としている。ジュンとソルがスーパーで迷子になったとき、喜んで自分の時間を割いて保護者を探してくれる人、既婚で子持ちの人たちと過ごすことの多いジュンとソルの前にときどき現れて非婚の生き方を見せながら、いつかそのときが訪れたら後悔のない選択ができるようサンプルを提供してくれる人、今すぐ一匹の犬の一生に完全に責任を持つことはできないけれど、一匹でも多くの子たちがいい家族に巡り会えるように移動ボランティアをする人たち。私たちはそれぞれの場所でそれぞれの人生に責任を負いながら、その人生がもたらす数多くの悲しさや欠乏感をそれぞれのやり方で解消しながら共に生きている。

ボミとの短い出会いは私に新しい可能性を夢見させてくれた。この先、クライアントを選びながら私の人生を切り拓いていく過程で伴侶動物と一緒に過ごす空間を少しずつ作っていけばどうだろう。すぐには無理でも、二週間でも数か月でもいいから、人間との生活を学ぶ場が必要な子犬と過ごせる空間づくりを目標にした場合、私にできることは何だろう。飛び回れる庭がなくても毎日散歩し、何か日々の時間を費やせるプロジェクトを考え出すことはできないだろうか。ボミはほんのわずかの間、私の懐にやってきて、私の中にあるとは思いもしなかった何かを呼び起こして去っていった。ボランティアをしたのは私ではなく、あの小さくか弱い存在が私にボランティアをしていったのかもしれない。だからこの話をみなさんに共有したかった。

あなたにもそんな機会が訪れることを、まだ訪れていなければ一度首を伸ばして辺りを見回してみることを願う。

＊

原稿を書いた三か月後、ボミはアメリカで新しい家族を見つけた。ボミの飼い主とインスタグラムでつながり、リビングのソファで寝そべったり芝生を飛び跳ねるボミの姿を見ることができた。アメリカへの長い飛行を耐え抜いたボミが健気で、家族としてボミを受け入れてくれた人たちと、ボミがアメリカに渡るまで温かく見守ってくれた保護犬シェルターの方たちにも感謝の気持ちでいっぱいだ。保護されてから新しい家族にもらわれていくまで時間のかかる子たちも少なくない中、あせる気持ちを抱えながら書いた原稿が本となって世に出る前にボミが新しい家族と出会えたことがうれしくてたまらない。

保護したり、一時預かって面倒を見ることに比べたら移動ボランティアはとても小さなことだが、だからこそ誰にでもできる。新型コロナによって移動しないことが人の命を救う時代に生きているけれど、どうしても移動しなければならないのならほかの命を助けながら移動するのも一つの手だろう。私にできたのだから、誰にだってできるはずだ。旅行などで移動することがあれば一度、「#移動ボランティア」などのキーワードで検索し、大切な動物たちの世界を変えてみるのもいいかもしれない。

あなたが死んだら

「私たち、しょっちゅう連絡を取り合うようにしよう」

ジュニョンさんは雑誌の仕事を長くしてきた。多くのアーティストがこの世を去ったとき、ジュニョンさんは何度も押しつぶされそうになりながら言った。「ミンジ、私たち、しょっちゅう連絡を取り合うようにしよう。わかった?」と。そして二週間前、ジュニョンさんの二〇年来の友人が亡くなった。そのとき、「私たち、しょっちゅう連絡を取り合うようにしよう」と、久しぶりにその言葉を聞いた。ジュニョンさんはいつも、私がごはんを食べ損ねたと言うと家に呼んでご馳走してくれる。ごはんだけなら自分で出前を頼んでもいいし、作って食べてもいいのだが、私はジュニョンさんと話をしたい一心でごはんにかこつけて夜遅くでも彼女の家に向かう。ジュニョンさんは小さな台所でちゃんとした韓国料理を用意してくれる。私は、本家に行って末娘の役割を果たたすときのように黙ってそれをきれいに平らげ、当然の義務として皿洗いをする。

皿洗いが終わった後、ジュニョンさんのベッドでごろごろしながらスープ用の鍋をぼんやり見つめていた。一人暮らしなのにいつも大きな鍋でスープを作る彼女は、何か新しいスープを作ると写真を撮ってSNSにアップする。食べにきたい人はいつでも連絡してというコメントと一緒に。ジュニョンさんの家でたびたびごはんを食べている友人たちは、新メニューの味見をしたいという期待を込めてコメントを書き込む。私たちはジュニョンさんの家でごはんを食べ、徹夜し、仕事をしたりもするが、つねにいくつもの仕事を宿題のように抱えている彼女が友人たちの食事まで面倒を見ていることがとても不思議で、すごいことだなとも思う。

ジュニョンさんはそもそも、スープというのは大きな鍋で作らないとおいしくない、ラーメン鍋みたいなので一人分作ったっていい味は出ないと言うが、私にはその気前のよさが、いつも温かいごはんを食べさせてあげられるようにという、人が好きな彼女の心遣いそのもののように思える。退屈だと言っても、むしゃくしゃすることがあったと言っても何も聞かず、「何してるの?」というこちらの問いにもただ、「うちにごはん食べにおいで。スープ作っておいたから」と答える。ごはんを食べ終えて満腹のおなかをさすり、皿洗いを済ませ、お腹がはち切れそうと言いながら一緒にベッドに横になると、あれこれ世間話がはじまる。
私の勝手な想像かもしれないが、ジュニョンさんは亡くなった人たちを思い出すとき、「こんなことなら、ごはんでも食べさせてあげればよかった」と後悔しているのかもしれない。そして、そんな気持ちで、ほかのことはともかくごはんだけは食べさせてあげようという気持ちで大きな鍋いっぱいに、「あなたは一人じゃないよ」というメッセージを込めてスープを作っているのかもしれない。それぞれの状況が違っていても、とりあえずごはんを食べようと誘っておけば、食事をしながら不平を言ったり、相談をしたりすることになるだろうし、ジュニョンさんにしてみれば、「それでもごはんだけは食べさせたから」というわずかな慰めにもなるだろう。そんなふうに私は、ジュニョンさんが仕込んでおいた気持ちをせっせと平らげ、大きなスープ鍋を見ながらそこに込められた物語を想像してみる。

二人ともエンタメ業界と関連した仕事をしているからか、私たちは訃報に接する機会が多い。すれ違っただけの人もいれば、親しくつき合っていた人もいるし、直接会うことはなかったけれど、よく話を伝え聞いていた人もいる。どんな形にせよ縁があり、画面越し以外の姿を見たことがある人が自ら人生から退場したとき、その死を徹底的に踏みにじる人たちが必ずいるものだ。カカオトークには「この人、○○が理由で死んだってほんと?」というメッセージが殺到し、それらの大半には「ミンジ、大丈夫? 一緒に仕事したことあるんでしょ?」と先に書かれてはいるけれど、そんな言葉をつけ足したからと言ってその人の死を好奇の目で見ていることは隠せない。むしろ、そんな言葉が前にあるとかえって、私のことを心配する気持ちまでゴシップへの好奇心に負けたことを見せつけられた気がする。私が自ら命を絶ったとしても(断言するが、そんなことは絶対起きない。愛する人たちがこれを読んでどきっとするかと思い、あえてつけ足した)、誰にもその理由はわからない。ひと月前の私にだってその理由を推測するのは難しいだろうに、人々はインターネットの記事欄がまるで商品をもらえるスピードクイズにでもなったかのように情熱と誠意を尽くし、スポーツ観戦みたいにその人が死んだ理由について騒ぎ立てる。死んでからも、死そのものが消費される人生っていったい何なんだろう。

少し前にこの世を去った有名人を見送りながら、その人と親密に仕事をしていた友人のLが言った。「死ぬ前にもう一度ごはんでも一緒に食べておけばよかった」と。現実の一部を共有した人の死を前にして言えるのはその程度だ。私たちはあまりも多様で、複雑で、私たちの頭の中の大きな宇宙ではあまりにも多くのことが起こっていて、その人に自らの人生を引き裂かせ、退場させたものは何なのかを言い当てることは絶対にできないだろう。だから自らを振り返り、自分がしなかったことに思いを巡らせ、自分ができたはずのことをリストに追加しながら自らを苦しめるのだ。

友人たちと遺書について話したことがある。人のことはわからないものだから、みんな一緒に遺書を書こうと。敏感な経済的な部分は隠した状態で互いに望むところまでを共有し、まとめたものを信じられる人に送っておくことで生と死に向き合おうと。

私の場合、ほかのことはともかく、ジュニョンさんのごはんは本当に温かくてうれしかったし、もっと食べさせてあげればよかったと後悔しないでほしいということだけは必ず書いておこうと思う。ほかの人たちにも私と関係することは何一つ後悔しないでほしいと、そして、それぞれ程よい距離で私のそばにいてくれてありがとう、おかげで生きている間は本当に穏やかでいられたよと伝えたい。私と「死ぬ前にもう一度一緒にごはんを食べておけばよかった」と思ったなら、その気持ちで自分に温かくておいしい食事をご馳走しながら、食いしん坊だった私を記憶に留めておいてほしいと。

まわりの人たちが誰も死ななければいいなと思う。その「まわり」には私の書いたものによって結ばれた縁も含まれるから、あなたもその対象だ。もし、死にたいと思っている人がいたら、そんなときにこんな本に出会ってこんな文章を読んだのも何かの縁なのだろうと感じてもらえたらうれしい。とりあえず、死ななかったということだけでも、すでにどん底にあった人生は上に向かって跳ね返っているところなのだと信じてもらえたらと思う。この先、数多くの食事と輝く夜が待っているだろうと、それを一日でも早く満喫する確かな方法は、とりあえず一日、また一日と生きることだと。

そして、最後にジュニョンさん、私たち、しょっちゅう連絡し合いながら生きようね。

私の祖母

母方の祖母は今も昔も、私が記憶している限りずっとかわいらしい人だ。小さくてかわいくて賢くて愛情深い。祖母には四人の子供がいて七人の孫がいる。私たちはそうたびたび会えないけれど、会えばいつも楽しく過ごしている。ほかの親戚は人によって少しずつ親密度に偏りがあるように思うが、祖母はみんなに愛されていて、祖母もみんなを愛している。甥と姪ができてから、もしかすると私の愛情が一人に偏って見えていたらどうしようと戦々恐々としている立場としては、孫全員に自分は祖母にだけは愛されていると感じさせているものは何なのか、今あらためて気になっている。

母は、息子でも長女でも末娘でもない、いわゆる真ん中の子で、私は七人の孫のうちの五番目だが、祖母に会えばいつもほかの誰よりも愛されているという十分な愛情を感じる。小さな体から愛があふれ出ている人、祖母はそんな人だ。母方の祖母は外祖母《ウェハルモニ》と言い、母方の祖母だからより遠い祖母という意味で差をつけた言葉だと知ったとき、私は外祖母という言葉を控えるようになった。単純に不平等だからではなく、間違っていると思うからだ。私にとって「外祖母」は祖母を表現しきれない単語だ。祖母の腕の中で大きくなり、今は腕の中にすっぽり祖母を抱く者として、外と関連するすべての言葉は祖母と無関係に思える。

祖母は母と同じぐらいパワフルな結婚主義者だ。一〇代で顔も知らないまま祖父と結婚したが、祖父が亡くなって二人の結婚生活が終わる日まで比較的仲良く、楽しい結婚ライフを過ごしてきた。祖母は私と同じく足のサイズが特別で（私は大きすぎて、祖母は小さすぎて）足に合うものを見つけるのが難しかったが、祖父はどこかへ出かけて小さく見える靴を見つけると必ず買ってきては祖母に渡していたという。もう一度生まれ変わっても祖母と結婚すると言っていたそうで、愛し合って結婚してもその気持ちを変えずに持ち続けることは難しいのに、そんなふうに思えるなんて宝くじに当たるぐらい珍しいことなのではないかと思う。祖母に祖父をどれだけ愛していたかと直接聞いたことはないけれど、祖父は礼儀正しくて背が高く、とにかく男前だったので、祖父の顔をはじめて見たとき、祖母はまさに宝くじに当たったような気分だったのではないかと思う。

どこへ行くにもいつも手をつないでいた二人だったが、私が大学入試を受けるころ、祖父の肺にがんが見つかって入院し、入試を終えた私が釜山《プサン》から戻ると間もなく亡くなった。私は自分の受験勉強のために、祖父と十分なお別れをする時間を母から奪ってしまったという思いに苛まれた。運よく祖父の最期を看取ることができたが、人は亡くなるとき、いちばん最後に耳が聞こえなくなるという俗説を信じて祖父の耳元で一生懸命ささやいた。

「お祖父さん、私のことは心配しないで。私のせいでお母さんにあまり会えなくてごめんね。お母さんは悪くないから許してあげて」

祖父はそんな私を健気に思ったのか、亡くなってから夢に出てきたことがある。退職後、警備員の仕事をしていたころによく着ていた青いチェックのジャケットを着て、家族全員が乗ったワゴン車の中で元気そうな顔で「故郷に行くんだ、ミンジ！」と言った。「お祖父さん、もう治ったの?」と聞くと、「大丈夫だ。とても気分がいい」と答えた。母にその話をすると、母は叔母も同じ夢を見たそうだと言って泣いた。死後世界というものは実際にあるのかもしれないと、そのときはじめて思った。母は、自分の夢に出てきてくれない祖父が恨めしいと言いながらも、孫を大切に思ってくれて幸せだと言った。

祖母の夢には出てきただろうかと気になったけれど、聞くと祖母がとても悲しがる気がしてやめておいた。

祖父の葬儀を国立墓地の顕忠院《ヒョンチュンウォン》内の葬儀場で行い、祖父の遺骨をお墓に埋めたときも祖母はその場にいた。母は腰をかがめて耳がよく聞こえない祖母に「母さん、父さんの隣に空いてる場所があるでしょう？　あれは母さんの場所よ。あの世でも一緒にいられるからね」と大きな声で言い、祖母は母を安心させるようにうなずきながら、「ああ、そうかい」と答えた。表情こそ歪んではいなかったものの、祖母は何度も涙を拭っていた。その淡々とした別れが悲しかった。祖母はそんな人だった。ロマンチストだけれど現実的で、体は小さいけれど強い人。体が弱くてしょっちゅう病気をしていた祖母は、母が中学生のころから早くに死んでしまうのではないかとみんなを心配させたが、健康だった祖父を先に送り、もうすぐ一〇〇歳を迎える。祖母は長く生きられないかもしれないという話をずっと聞かされてきたせいか、私を含め孫たちは全員、祖母に会うたびに必ず小さな体をぎゅっと抱きしめる。もう何十年も続けていることなのに、祖母はそのたびに幸せそうな顔をして「こんな年寄りのどこがそんなにいいのかね」と言う。

祖母は私の結婚についてあれこれ口出ししても私の反感を買わない唯一の人だ。ほかの親戚たちが結婚の話をはじめると私は、そんなつまらない話を持ち出してと心の中でその人にマイナス点を与え、気に食わなさそうな態度を示したりもした。でも、祖母は違う。相手が私を愛しているという事実に確信があれば、同じ言葉もどれだけ違って感じられることか。私はそれを祖母を通じて知った。仲秋や旧正月で親戚が集まったとき、聞きたくない話をされるとムカつくのは私がその人を嫌いだからだ。つまり、その人がイマイチなのだ。そんなこちらの気持ちも知らずに大学だの、結婚だの、出産だのと人生の極めて個人的な問題に自分の考えを押しつけてくるのがいやでしょうがない。ほんとに、センスがないいんだから。

「ミンジ、結婚しないのかい？　ボーイフレンドもいないの？」

祖母にこう聞かれても少しも腹は立たない。だからちゃんと答える。祖母には質問する自由があり、私には答える自由があり、互いを同じだけ愛する私たちはきちんと目を合わせてこの問題について語り合う。そして、そのときの状況によって異なるが、「結婚はしないいけど、ボーイフレンドはいるよ」、あるいは「結婚はしないし、ボーイフレンドもいないよ」ときちんと答える。祖母は私が結婚しないと言うと、いつも「今年でいくつになるんだい」と方言で聞き返す（祖母は祖母特有の忠清道《チュンチョンド》の方言を使う。私の両親は忠清道出身で、私も大田《テジョン》出身だから忠清道の方言には馴染みがあるけれど、祖母のそれは本当に独特だ)。二六歳だよ、三〇歳だよ、三四歳だよ、三七歳だよ……。私の年齢を嘘偽りなく言っても、祖母の反応は一〇年前から変わらない。目を丸くして息をひぃーっと吸い込みながら驚く。孫の年がもうそんなになるのかという事実に一度、なのに結婚するつもりはないという答えにもう一度。「だったら、お祖母さんは何歳なの？　ひぃーっ、そんなに！」。私は祖母の年に同じ反応をすることでコントみたいなやりとりをする。

少し前に祖母に会いにいったとき、心身共に弱くなってきている祖母は泣き声になった。死ぬ前にもう会えないと思っていたのに、来てくれたんだねと言いながら。いつも聞いていることだったので「死んだりしないよ。お祖母さんは『もう死ぬ、死ぬ』って言いながら絶対死なないんだから」と答えて抱き寄せた。祖母は「つき合ってる人はいるのかい？　結婚は？」と聞いた。私はいつものように「つき合ってる人はいないし、結婚もしない」と返事した。祖母はなぜ結婚しないのかと聞いた。私はレパートリーを少し変えて「結婚がそんなにいいなら、お祖母さんがすればいい。お祖父さんが亡くなったから、いつでもできるじゃないの」と応じた。耳が遠く、何度もくり返してようやく聞き取った祖母は私を横目でにらみながら、けらけら笑った。そしてこう聞いた。

「結婚っていうのは、しなくてもいいのかい？」

はじめて聞く質問だった。考えてみれば、親戚の中には「結婚しないのか」と聞く人や「私もお前みたいに結婚しなきゃよかった」と言う人はいても、祖母のように「結婚はしなくてもいいものなのか」と純粋に質問する人はいなかった。結婚せずに生きることを想像したこともそういう人を見たこともなく、非婚ライフのサンプルが近くになかった九七歳の老人が好奇心に満ちた目でそう聞いたのだ。

「もちろんよ。お祖母さんも今度は結婚しないで生きてみたら。結婚するのとはまた違う楽しさがあるから」
「幸せかい？」
「私？　うん、私は今とても幸せだよ」

去年の今ごろにこの会話を交わした後、久しぶりに会った祖母は私に、「結婚しないのかい？」と聞く代わりに「幸せかい？」、「楽しいかい？」と聞いた。「うん、いつもと変わらず幸せだよ」と答えると祖母は「やれやれ」と言って色艶のいい顔で笑った。超結婚主義者の目に映る非婚者は別の種族みたいだろうが、幸せの条件が結婚だと信じて生きてきた人がそうでない人を見て不安に思う理由は、「幸せになれないんじゃないかって心配で」であるべきで、「自分と違う生き方が我慢できないから」であってはならない。後者に該当する人たちがマウントを取り、結婚の長所を並べ立てて非婚の人生は不完全だと見下すのに対し、私が生まれた瞬間から全身全霊私を愛してくれた祖母は私の人生の安否を気遣ってくれる。だから、結婚にこだわることなく私が幸せがどうかをチェックする。タトゥーを入れた私の腕を見た祖母は、自分にもあるのだと言って入れ墨を見せてくれ、前に親しくしていた年上のお姉さんたちと黒いほくろみたいな入れ墨をその人数分だけ点々と入れたのだが、その一つが消えかかっていて寂しいと言った。髪を脱色してピンク色にしていくと、かわいいと褒めてくれる。たぶん祖母は、私が剃《てい》髪《はつ》していっても頭の形がきれいだと言って頭をなでてくれるだろう。

互いを胸に抱いたときの懐かしさと匂いを忘れられないほど肌を寄せ合いながら愛し合う関係において、その人がどんな服を着ていたかは重要ではない。二二センチの足と二六・五センチの足、結婚主義者と非婚主義者といろいろ両極端な私たちは、そんなことを問いただす時間があれば一度でも多く相手を抱きしめることを選んだ。だんだん祖母の耳が遠くなって会話に時間がかかるようになり、会話の代わりに私たちは頬を寄せ合ったり、手を握ったりしている。私がまだ幼くて難しい話がわからなかったときもきっと祖母がそうしてくれて、だから自然と身についたコミュニケーション法なのだろう。

祖父が亡くなったとき、私は愛する祖父がいなくなった悲しみよりも大きな恐怖を抱いた。祖父が亡くなってもこんなに悲しいのに、祖母が亡くなったらどれだけ悲しいことか。久しぶりに会うたびに私を包み込んでくれ、今は私の胸の中にすっぽり抱かれるほど小さくなった祖母の体、私が譲り受けたお茶目なゴルゴラインと丸い頬骨、トウガラシを大きく切って入れた特製の味噌スープ、夏休みに遊びにいったときに冷ごはんと一緒に食べたお手製のトウガラシの葉の漬物、いつもきちんと四つに折り畳んでポケットに入れてあるティッシュ、「辛い《チャダ》」の代わりに「辛い《チャワ》」と言い、いつも私が真似しながらからかっていた特有の口調、結婚をしない孫娘のことが気になって「幸せかい？」と聞くときにぐっと上がる額のしわ。私は祖母の背中を見ながら焦る気持ちで懐かしさに浸る。

「幸せかい？」
「私？　うん、今とても幸せだよ」

　祖母が教えてくれたとおり、今この瞬間の幸せに集中しないと。小さな羊羹を一つ買っていっても喜ぶ祖母の流行語「ああ、幸せだ！」みたいに。幸せを口にして抱き寄せることで愛を表現して、私は今、とても幸せだとお互いを安心させながら生きていこう。

お祖母さん、私は今、とても幸せだよ。何より私はお祖母さんが大好き。だから今、本当に幸せだよ。

どうしてあなたが非婚をとやかく言うんですか

ポッドキャスト『ビホンセ』をしているといろんな反応がある。ほとんどが勇気づけられるものだが、ほんのたまに残念だという反応も返ってくる。

✤非婚の話ばかりしすぎだと思う。
✤非婚の話が少なすぎると思う。
✤どうしてそんなに既婚者の話をするのか。既婚者は非婚者をよく言わないのに。
✤非婚ポッドキャストなのに、なぜ恋愛の話をするのか。
✤最近、話題になった問題があるのに、なぜそれを扱わないのか。

ポッドキャストをはじめたとき、自分は非婚者だと言うことがこんなに重大で大変なことだとは思わなかった。既婚でなければ未婚という定義は、結婚していないすべての人が結婚したいけれど「できない」人扱いされることになる。だから、既婚者以外のすべての人を指す「未婚」の代わりとして「非婚」がより適切だという考えに同意する。そういう意味において、非婚者の中にも未婚者がいて、反婚者がいて、私みたいな非婚主義者もいるだろう。絶えず結婚を考えている非婚者、元既婚者の非婚者、法的に結婚できないことによる「強制非婚者」などに出演してもらう理由もそこにある。結婚以外のあらゆる生き方に一つひとつ耳を傾けながら、私と違う人生の中から共通点を見つけるのも面白いだろうし、私と同じだと思っていた生き方の中に多様性を見いだす喜びも分かち合いたいからだ。

女性に生まれて結婚しないと宣言することは、「女性の義務を果たしていない」、「社会と社会システムに反している」というメッセージを絶えず受け続けることでもある。その一方で、私が非婚者としての道理を尽くしていない、真の非婚者ではないという声も聞かれるようになった。

誰かが自分の結婚生活について書き、それを公表したと仮定してみよう。「何であなたが出しゃばって既婚者の人生を語るのか」と言う人がどれぐらいいるだろうか。私が私のことを語っただけで勝手に非婚の代表みたいに仕立て上げて私にそれを語る資格があるのかどうかを検閲すること、それもまた一つの弱者排除であることをポッドキャストをやりながら学んだ。誰かは非婚者が嫌いで、非婚をテーマに話すこと自体が気に障り、非婚者である誰かは、私が彼女の考える非婚者の枠にはまらないことが気に入らない。前者は差別的な視線で非婚者である私を検閲し、後者は私への期待がゆえに私を検閲する。

結婚主義者のうち、結婚していない人に耐えられずに悪口を言う人たちの場合、私はその人たちを準拠集団だとは思わないので何を言われようがショックは受けない。でも、後者は違う。私みたいに結婚しないと決めた誰かを探して彷徨う寂しさ、そして出会ったときのうれしさを痛いほど知っているから、そんな人たちに私に失望したと言われたときはその気持ちが理解できるだけに本当につらかった。だから時には、前者よりも後者の反応のほうが悲しかった。「それでも私はあなたたちと少し似ている部分があるのに、どうして私につらく当たるんですか」という気持ちがわいたからで、私も、私に失望したというその気持ちとよく似た激しい悲しさを感じ、互いにそうやってイライラしながら寂しく思うことになるとは考えてもみなかった。

だからときどき怖気《おじけ》づく。私の持っている特徴が誰かを失望させたらどうしようかと。背が高くて、あるいは十分に高くなくて、声が大きくて、あるいは十分に大きくなくて、何でもよく食べて、あるいは十分に食べなくて、ソウルに住んでいて、あるいはソウルに住んでいる人っぽくなくて……そんな理由で失望させたらどうしよう。非婚ライフをポッドキャストで話し、非婚ライフについて本を書く「十分な」資格はどうすれば得られるのか。イベント会場で人に会ったらどんな表情をすればいいのか。どんな服を着て、どんな姿を見せ、どんな話をすればいいのか。ほかのところでもよくしている話なら、わざわざここまで来て聞く理由がないから失望するだろう。だからと言って、これまで私が扱ってこなかったテーマで話をすれば、違和感を覚えて嫌だなと思われるかもしれない。その中間の適切なポイントはどの辺りだろう。私はそれを見つけることができるだろうか。翌週のポッドキャストでは何を話そう？　そもそも放送をしてもいいのだろうか。私に話をする資格はあるのだろうか。

そんな考えにとらわれていたある日、久しぶりにブックフェアに出店することになった。インディーズ出版したものと『ビホンセ』のグッズを持っていって販売するイベントで、私は二週連続で週末の午前一一時から午後九時までブースにいた。初日、もじもじしながら近づいてきたお客さんが恥ずかしそうにお金を払い、その場を去る間際にハガキを一枚渡してくれた。「リスナーさんだったんだ！　私、どんな顔をしてたっけ？もうちょっと笑えばよかったかな。声をかければよかった……」。いろいろ考えながら彼女の温かい気持ちを読んだ。その後、四日にわたってそんな出会いが何度もあった。

ある人は叫び、ある人は熱心に質問をし、ある人は声をかけられずに後でメッセージを送ってくれたりした。行けなくてごめんなさいというメッセージをくれた人、手紙をくれた人、手作りの記念品をくれた人、本をたくさん買ってくれた人など、気持ちを伝える方法はさまざまだった。背の高い人に低い人、髪が長い人に短い人、お化粧をしている人、していない人、スカートをはいた人、ズボンをはいた人……。見た目も声もさまざまだった。それぞれ違う姿をした人たちがリスナーだと自己紹介しながら私の前に現れると、不思議なことにしばらく失いかけていた自信を回復していった。そして、その多様な姿や声をした人たちがみんな「これからも話し続けてほしいです」とSNSを通して、あるいは直接言ってくれたとき、私はその人たちの手に導かれ、一つドアを開けて一歩前に踏み出した気がした。

「適切に振る舞え。適切に話せ。でなければ話す資格はない」

そんな圧力に負けて口をつぐんでしまった女性がこれまでどんなに多かったことか。それが弱者性を帯びた人に対する代表的な圧力である理由は、万人にとって適切な存在になることはそもそも不可能だからだ。一般的に適切さというのは過剰でない、一〇のうちの二から八の間ぐらいに属する性質のものを指すのだろうけれど、多様な分野で適切な人として生きようとすると、そのすべてが重なる部分を満足させられる可能性はゼロになる。結局、そのすべてが重なる部分は無限であり、四・三六四ぐらいのかなり特定された人間像にすぎないということに気づいた。

ところで、適切な人でなければ不特定多数の前で話す資格はないというなら、そんなルールが特定の集団においてのみ作用するなら、私たちはそれを弱者排除と呼ぶべきだ。不可能な条件を設定しておいて、それを満たせないなら話してはならないというのは、お前らみんな黙ってろと言うことが正当な要求に聞こえるように遠回しに言っているだけだ。若い女が出しゃばるな、何て気が強いんだというのは結局、適切に見えない女が適切に見えないテーマの話を適切に見えない声量で語った時に言われることだから。そうやって私たちは、声を上げていた仲間たちが消えていくのを目の当たりにし、出しゃばると傷つくということを学んだ。そうしている間にも、自分の言語を検閲されることなく言いたいことを言っても非難された経験が少ない人たちは、喜び勇んでマイクを握り続け、マジョリティとして、強者として言葉を継ぎ、話すことのできる集団、マイクを握る姿に慣れている集団の中で自らの立場を固めていく。

若い女は適切でなければ話す資格はないなんて笑わせる、私みたいな人が発言したっていいじゃないとマイクを握りはじめた私だが、弱気になるたびにかつて味わった恐怖にとらわれてしまう。私に勇気を与えてくれた数多くの声が突然聞こえなくなり、長い間社会が教え、吹き込んできた暗闇の中に自ら入って隅っこにうずくまってしまう。

（だから言ったじゃない。私を応援してくれていた人まで私は適切じゃないって言うんだから、私は本当にイマイチなんだ。その人以外にも私のことをそんなふうに考えている人は多いんだろうか。何もしなければ失敗することもないんじゃないだろうか）

そんなことを考えていたときに、あなたに手首をつかまれてドアの向こうへと足を踏み出した。私が適切さに惑わされていたとき、あなたが現れてしばらく私の前に立ち止まり、「話し続けてください」と言って通り過ぎていった。ブックフェアでの出会いは私にとってそんな事件だった。「私みたいなのが声を上げたっていいじゃない」と言っていた最初のころの私の隣に立って「あなたは間違っていない」と励ましてくれるかのような出来事。そうやって通り過ぎていった多様なあなたたちを見て、あなたたちの姿が適切かどうかなんて一度も考えたことはなかった。ただ、そこに現れてくれてありがとうという気持ちだけだった。私たちにとって大切なのは、そんな人たちではないか。私たちはそれぞれ違う人間だから互いを失望させることもあるだろうけれど、だからといって私たちの声が消えることを望んでいる人たちが作ったあの暗闇に帰ってはならない。そうやって口を閉ざすことは、私を受け入れてくれた人たちをどれだけ悲しませることか。私のせいで悲しいと言って私を悲しませる人たちも、私が話さないことを願って言ったのではないということをよくわかっていながらへたり込んでしまうのは、あまりにも大きな過ちではないか。私が今、話すことができるのは、適切でなければ話すなという社会の脅しに打ち勝ち、とにかく話し続けてきたちょっと風変わりな人たちがくれた勇気のおかげなのだから。

私は適切ではない。適切であろうとずっと努力しながら生きていくだろうが、その適切であろうとする努力の方向と度合いをコントロールする適切な方法がないから、私は適切な人ではないままこの先も生きていくことになるのだろう。だけど、話してもいいのだ。私の人生を語る資格は、私が自分に与えればそれで十分だから。非婚者としてマイクを握るのにふさわしくない人が話していると思ったら、もっと多くの非婚者にマイクを渡したり、自らが前に出て話すことによってすでに非婚を語っている人たちが持たされている代表性を薄めてくれることを望む。私たちに必要なのは、誰もが認める一人の無敵のスーパー非婚者ではなく、どんな非婚者であれ資格を証明しろという圧力を受けることなく、安全にしゃべることができる世の中だからだ。つまり、私の冗談や淡々とした文章が絶えず闘争や声明と解釈されてしまう疲れる状況にさらされることがあっても、私はずっと語り続けていく人になりたい。それと同じ気持ちで、まだ自分の話をするのに慣れない誰かがマイクを握っている場面に出くわしたときも、その存在を証明しろと迫るのではなく、今、その人が出している勇気に心からエールを送りたい。

いつかブックトークに来てくれたある読者が、過去の恋人たちからもらったラブレターを小さな箱に入れて車に積んであると言っていた。生活に追われ、多くの人の評価にさらされて、自分は今日一日何をしていたのだろうと悲しくなったときにそれを開き、自分を褒めちぎってくれる、愛がたっぷりつまった誰かの視線に自分を映してみるのだと。最初、それを聞いたときはあまりにも哀れっぽくないかと思ったけれど、イベントが終わった後、心に響くありがたいメッセージを大きな封筒に入れて車に載せた。私が私を無視したとき、情けなく思えたとき、自信を失ったときにいつでも開いてあなたが気づいてくれた私の長所を再確認するために。いつか互いに失望し、離れていき、こうしてやりとりした心が遠い記憶になったとしても、人生のある瞬間にはこんなにも優しい他人の熱い「ラブレター」を受け取ったという消せない事実を確認し、いつでも日常に戻ることができるように。

おかげで私は今日も話しています。あなたも話してくれてありがとう。

エピローグ

編集者さんがはじめて私を訪ねてきて、非婚についての本を書きませんかと言われたとき、どうすれば上手く書けるだろうかとずいぶん悩んだ。一行も書けずにぐずぐずしていた最初のころ、ポッドキャストを通して出会ったいろんな非婚者のエピソードを聞きながら、私の本もそんな エピソードの一つになるように書いてみようと思いついた。非婚者のステレオタイプなんていうものはなく、それを期待したり失礼な質問を投げかける人たちがいるだけだということを私たちなりのやり方で伝えようと。

書いているうちに自然と非婚とは関係のない話もたくさん収録されることになった。プロローグでも触れたとおり、世の中は非婚者を一括りにするけれど、すべての非婚者がそうであるように、私は非婚者である前にもっと広くて大きな領域に属している人なのだから。私の人生に欠かせない数多くの仲間の話もたくさん盛り込んだ。刊行前に原稿のチェックを依頼したとき、快く引き受けてくれた彼女たちに感謝の意を伝えたい。

私の視線で書かれ、編集された文章を寛大な心でＯＫしてくれてありがとう。もし、この中の特定の人物がどこか憎らしくて気に入らないと思えたなら、バラエティーに富んでいて立体的な彼女たちを的確に描き出せなかった私のせいだ。どうかご理解いただきたい。

以前に書いた本を読み直すのは苦手なほうだ。本を書くということは必然的に後悔の足跡を世の中に残すことのように思えて恐ろしくもある。でも、過去に書いたものを悔やんだ分だけ少しでもいい人になれるのなら、後悔も進歩もなく生きていくよりはましではないかと自分に言い聞かせながら勇気を振り絞っている。この本でも、できるだけ誰かを傷つけるようなことは書かないようにしようと努力したつもりだが、限られた人生経験の中で無意識のうちに誰かを排除してはいないだろうかと何度も不安になった。そのたびに、もっと多くの人たちの話を聞いて少しずつ人生経験を深めていこうと心に誓うことでその不安を静めた。

学校で学んでおくべきことを私は二〇歳を過ぎてから出会った人たちを通して学んだ。平等、多様性、体に対する考え、動物の権利、環境、セクシュアリティに至るまで、私は直感的に自分と直接、あるいは間接的にかかわった人たちの姿を観察しながら学び、今も学び続けている。私にある考えを強要したり諭そうとする代わりに、自らをさらけ出すことで最高の学び舎の役割を果たしてくれた友人たちに感謝の気持ちを贈る。

中でも最も大きな学びの機会を与えてくれる甥っ子のジュンと姪っ子のソルに特別な愛を贈りたい。二人が将来どんな大人になるにしても、とにかく成長していく存在であるということがいつも私の前に多くの道を開いてくれる。私が自分の想像を超えたところにいる初対面の人に不安を乗り越えて近づき、話を聞いてみたくなるのは、愛する二人が何にでもなれる可能性を持った子供だからだ。二人は、私が自分の殻に閉じこもって慣れ親しんだ考えの中に安住したくなるとき、いつも私を鼓舞し、反省させてくれる大切な存在だ。

同僚、友人、リスナー、読者、そしてジュンとソルをはじめとする子供たちが、自らの存在や選択に自信を失わせる失礼な質問に直面したとき、きっぱりとこう返してくれたらという思いを込めて「아니 요즘 세상에 누가（いや、今どき誰が）」をタイトルにした。「いや、今どき誰が結婚しろなんて言うんですか」、「いや、今どき誰が性別によって結婚の自由を奪うのですか」、「いや、今どき誰が他人の体のことをとやかく言うんですか」、「いや、今どき誰が子供を排除するのですか」。今、私たちの目の前にある数多くの無礼な発言や質問が早く、「いや、今どき誰が」と言われるほど力を失うことを期待し、つねに自らの存在を証明しろと強要されている人たちが長々と侮蔑的な説教を聞かされることなく、「いや、今どき誰が！」と言い返すことでスカッと爽やかに前に進めるようにと応援する気持ちで。

じつは、この本は今まででいちばん多くの愛とプレッシャーを受けながら書いた本だ。いつもはとにかく書きたいテーマで思いの丈を綴り、それを読んだ誰かが応答してくれるのを楽しみにしながら書いていたのだが、執筆過程ではじまったポッドキャストやコラムなどを通じてこの本の情報が先に知られることになり、一年以上待ってくれたありがたい方も大勢いた。会うたびに進捗状況を聞いてくれ、とにかく応援していると言ってくれた。それがありがたくもありながら、そんな人たちを失望させたらどうしようというプレッシャーも大きかった。

常々エッセイは作家が世の中を賑やかに愛する方法だと考えてきた。私が好きなことや感動したことを話しながら、私の喜びや悲しみを他人に伝えることだと。ところが今回は、すでに存在していたにもかかわらず気づかずにいた愛を発見し、観察しながらこれを書いた。今の私を形成している思考はどこから来たのか、いつも会ってお酒を飲んで遊んでいる友人たちが実は私にとってどんな存在なのか、気づかない間にリスナーと読者がどうやって私をぬかるみから引き上げてくれたのか、格好いいから好きなだけだと思い込んでいた推しが実は私の人生をどれだけ動かしていることか……。それらを思い起こして整理しながら本を書く間に、私は彼女たちと思考ではなく心を通い合わせて生きているということにあらためて気づいた。

だから、最後の感謝の辞はそんな驚くべき経験ができる機会を与えてくれた編集者のチョ・ハンナさんに贈りたい。未熟な著者を信じ、いつも信頼できる有能な編集者でいてくれ、ただ一生懸命書けばいい環境を作ってくれたおかげでここまで来られた。この本はクァク・ミンジが書き、チョ・ハンナが作った本だ。この本が読者の元に届くよう、さまざまな過程において手を貸してくださった多くの方々にも感謝を伝えたい。

自立していて固有であり、価値ある私たちすべてがつねに互いの手を離さないことを望みながら、

「みんな、共に一人で生きようね！」[*1]

クァク・ミンジ

*1　ポッドキャスト『ビホンセ』のクロージングコメント「一人で生きよう」をリスナーがアレンジしたもの。

訳者解説

本書は、二〇二一年一二月にウィズダムハウスから刊行されたエッセイ集『아니 요즘 세상에 누가（いや、今どき誰が）』の邦訳版だ。いわゆる「非婚エッセイ」だが、単に非婚をすすめるものではない。非婚は未成熟で不完全な状態ではなく一つの生き方であり、非婚を含めた多様性を認める社会を作るために一人ひとりがもっと自分のことを語ろうというのが本書の趣旨で、数ある非婚エッセイの中で注目を集めている理由はそこにある。

著者のクァク・ミンジさんは、高麗大学日本語・日本文学科卒業。大手の石油会社に勤めた後、フリーの放送作家、エッセイストとして活躍しており、著書に『歩いてお祭り騒ぎの中へ』（タル、二〇一九、未邦訳）などがある。独立出版レーベル「アマルフエ」の代表でもあり、自身が書いた『私は悲しいとき、ポールダンスを踊る』（二〇二〇、未邦訳）などを出版している。

非婚主義者であることを公表している著者は、コロナ禍の二〇二〇年二月に非婚ライフ可視化ポッドキャスト『ビホンセ』を始めた。『ビホンセ』という名称には、世間の圧力に押されてその存在がほとんど隠されてしまっている「非婚主義者（ビホンセ）」たちの声や日常を発信することで、非婚主義が一つの選択肢として尊重される社会「非婚の世の中（ビホンセ）」を作っていこうという思いが込められている。二〇二三年一〇月末現在、放送は一九四回を数え、リスナーは延べ二〇〇〇万人を超えており、「ハンジュムダン（一握りの応援団）」というリスナーのファンクラブを持つまでの人気となっている。

毎回ゲストを呼んでトークを繰り広げる形式で非婚者がゲストの場合が多いが、著者の推しの一人、作詞家のキム・イナさんのような既婚者もゲストとして登場している。キム・イナさんは本書の刊行にあたって推薦コメントを寄せており、「私は非婚が結婚の反対語や反対宣言だとは思わない。ただ、いくつかある道の一つであり、結局、この本は非婚の話を装った、自分に責任を持って生きることについての話であり、熱烈な愛の扱い方についての案内書であり、人間の持つ無限の機能を思う存分生かした人生についてのアドベンチャーエッセイだ」と綴っている。ちなみに、キム・イナさんは、SHINeeやIU、ソン・シギョンら数々のアーティストの楽曲を作詞してきた人気作詞家だ。

韓国では一〇年ほど前から「非婚」を表明する人が増えている。当初は、経済的な理由から恋愛、結婚、出産を放棄する「三放世代」がその大半だったが、ここ最近は、家父長制度の枠にはまらず自由に生きたいと願う女性たちの中に非婚主義者が多くなってきているのが特徴だ。それには、クァク・ミンジさんのようなビホンセたちが声を上げはじめたことが大きく影響していることは言うまでもない。刊行後はワシントンポストをはじめ国内外のメディアの取材を受け、韓国の公共放送局KBSのニュース番組にも著者自らが出演するほど「ビホンセ」は社会現象の象徴として受け止められている。

非婚主義者の増加は統計にも表れている。韓国統計庁の「二〇二二年婚姻・離婚統計」によると、二〇二二年の婚姻件数は一九万二〇〇〇件と一九七〇年に統計をはじめて以来最も少なく、婚姻率（人口一〇〇〇人当たりの婚姻件数）は一九七〇年の九・二件から三・七件に減少した。また、統計庁の別の統計によると、単身世帯数は七一六万六〇〇〇と前年より七・九％増加（二〇二一年）。結婚すべきと考えるのは女性（四四・三％）のほうが男性（五五・八％）より少なく、未婚の男女の場合、その差が一四・八％とさらに広がっている（二〇二二年）。

本書の中に給料から差し引かれる慶弔費は、結婚や出産は全員がするものであるという前提に基づいていて公平でないといった内容があるが、非婚者が増えるにつれて企業の福利厚生制度にもわずかながら変化が表れはじめている。大手通信事業者のLGユープラスは二〇二三年一月から、満三八歳で勤続五年以上の社員が非婚を宣言すれば、結婚祝い金と同様一か月分の基本給を支給するとともに五日間の有給休暇を与える制度を導入しており、ウェブサイト版の女性新聞（二〇二三年四月六日付）などによると、これまでに男女合わせて六人が非婚を宣言したという。ロッテ百貨店は二〇二二年秋から、四〇歳以上の未婚の社員に対して祝い金や休暇など結婚と同様の福利厚生制度を適用しており、伴侶動物の弔慰金制度も新設。多様な生き方を支援する企業の動きが少しずつ広がっている。

結婚式の代わりに「非婚式」を行うケースも出てきている。非婚宣言文を読み上げる以外は結婚式とほぼ同じで、非婚主義者であることを周囲の人たちに認めてもらう機会となるほか、ご祝儀も受け取って、非婚主義者を結婚式に招待するのを申し訳なく思う友人への配慮といった意味合いもあるという。

しかし、こうした動きに対する反論もある。二〇二二年の韓国の合計特殊出生率（一人の女性が生涯に産む子供の推計人数）は過去最低の〇・七八（前年比マイナス〇・〇三ポイント）で、経済協力開発機構（OECD）加盟国の中で最下位だった。非婚主義者の増加は少子化の進行に拍車をかけるというのだ。そうした反論に対してクァク・ミンジさんは、「結婚しない人が悪い、子供を作らない夫婦が問題だ、女性が利己的になったんだ、と主張する人はいます。そんなことを言う前に、子育てを個人に押しつけず、社会で育てる環境を作るべきではないでしょうか。結婚はしたくないけど、子供は産みたいと考える女性も結構います。保育園の整備や、出産後に職場に復帰したいと考える女性への支援が強化されるべきです。企業は、子育てしながら働きやすい環境作りに務めなければなりません」（朝日新聞デジタル、二〇二一年一月二一日付）と主張している。

子育てしながら働きやすい職場環境を作り、社会での子育てを充実するためにも、非婚が女性の生き方のオプションの一つとして定着するためにも、一人ひとりが声を上げることが大切だ。決して雄弁でなくてもいい。本書が一人でも多くの人にとって、「自分のことを語ってみよう」と勇気を出すきっかけになることを願う。

意義ある本を世に出すきっかけをくださった編集者の斉藤典貴さん、校正をしてくれた頼もしい友人、そして、すてきな装丁をしてくださったアルビレオのデザイナー草苅睦子さん、イラストレーターの山川 石さんに感謝申し上げる。

二〇二三年一一月

清水知佐子

クァク・ミンジ

韓国・大田生まれ。高麗大学日本語・日本文学科卒業。エッセイスト、コラムニスト。広告やテレビ番組、モバイルコンテンツの制作者。非婚ライフ可視化ポッドキャスト「ビホンセ」の制作者兼進行役を務める。独立出版レーベル「アマルフェ」の代表でもある。比較的一人世帯の多いソウル・解放村在住。著書に『歩いてお祭り騒ぎの中へ』『私は悲しいとき、ポールダンスを踊る』などがある。

清水知佐子《しみずちさこ》

和歌山生まれ。大阪外国語大学朝鮮語学科卒業。読売新聞記者などを経て、翻訳に携わる。訳書に、キム・ハナ、ファン・ソヌ『女ふたり、暮らしています。』、キム・ハナ『話すことを話す』『アイデアがあふれ出す不思議な12の対話』(以上、CCCメディアハウス)、朴景利『完全版 土地』、イ・ギホ『原州通信』(以上、クオン)、タブロ『BLONOTE』(世界文化社)などがある。

私《わたし》の「結婚《けっこん》」について勝手《かって》に語《かた》らないでください。

2024年1月6日　第1版第1刷発行

著者　クァク・ミンジ

訳者　清水知佐子

発行者　株式会社亜紀書房
〒101-0051 東京都千代田区神田神保町1-32
TEL 03-5280-0261
https://www.akishobo.com/

装丁　アルビレオ

装画　山川 石

DTP　山口良二

印刷・製本　株式会社トライ
https://www.try-sky.com/

ISBN 978-4-7505-1826-8 C0098